さらば！ 検索サイト

太田昌国のぐるっと世界案内

Masakuni Ota

太田昌国 著

現代書館 刊

Goodbye検索　I'm Reading Lucky

はじめに

私が日ごろ仕事をしている出版社は、いまは東京渋谷にあるが、十年ほど前までは、東京神田・神保町の交差点から歩いて七、八分のところにあった。いわゆる「古書店街」である。好みの古本屋は学生時代から、ある。新刊書を扱う大型書店も、大型とは言えないまでも選書に定評がある書店も、地域出版社の書物だけを使う個性的な書店もあった。中国、韓国、アジア諸地域、ソ連（ロシア）、スペインとラテンアメリカ、イタリア関連の書籍（原書だけか、関連和書も扱うかの違いはあったが）のみを扱う書店もあれば、英語・フランス語・ドイツ語などの人文書の輸入専門店もある。各種地図の専門店もある。出版社の仕事にとっては、願ってもない環境である。

一部屋だけの事務所は小さく、狭い。当初の出版傾向から、来日したスペイン語文化圏の作家、評論家、社会運動家がよく訪ねてきた。その文化圏では、狭い家に客を招き入れるときの慣用句がある。“La casa es pequeña, pero corazón grande”.「狭苦しいところですが、こころは広いので、どうぞ」といったところか。よくそう言いながら、遠来の客を迎え入れたものだった。

一部屋に数人が働くデスクがあり、四面のうち三面の棚には常に、毎日の出荷のための在庫を一定数抱えており、品出しの仕事も空いているデスクで行なうのだから、企画・編集作業には欠くべからざる参考図書・辞書・事典・年表・地図などを置くスペースはほとんど、無い。だが、編集の仕事は、ましてや組み上がったゲラを校正する仕事は、本来ならば、辞書や事典と首っ引きにならないとできるものではない。その条件を欠いているのだから、私は週に何回かメモを持って、昼休みや夕方に近所の大型書店へ行った。歴史的な出来事に関してあやふやな年号や月日を確認したり、或る地名の地理上の位置を確認したり、人名の読み方や経歴・外国人の場合は表記の仕方を調べたり、その他もろもろ喫緊の問題を「立ち読み＋メモ取り」で解決するのである。もちろん、ヨリ詳しい調査が必要な時には、自分の住まいに置いてある本で調べたり、週末に図書館を利用したりするのだが、それは時間にまだしも余裕があるときのことだ。校正の仕事というものは、印刷所に戻すギリギリの時間になっても、不意にこみ上げてくる「疑問」や「不安」に苛まれるものなのだ。

それが、一九九五年だったか、一変した。私が使うことになるウィンドウズ95が発売された。私にとっての「パソコン初年」の年である。インターネットで、さまざまな情報を瞬時に入手できるようになった。かつては書店に走って調べたような事項も、すぐ検索できるようになった。この新分野の技術世界をまだ十分に駆使できていないと自覚していた私は、別な側面から言えば、新しい技術に対して疑い深い私は、ダブル・チェックを怠ることはなかった。

重ねて言うが、私はこの技術的な分野に通じた人間ではなく、メール機能を活用するとか、原稿を書くためにワード機能を使うとか、読みたい外国紙のウェブサイトに行くとか、きわめて限定的な使い方しかできなかった。翌年の一九九六年七月、反グローバリズムのスローガンを掲げた蜂起（一九九四年一月一日）以来深い関心を抱き続けていたメキシコのサパティスタ民族解放軍（ＥＺＬＮ）が、その管轄（解放）区内で「人類のために、新自由主義に反対する大陸間会議」を開催するので、そこへの参加を全世界の心ある人びとに呼びかけた。私はすでに、小林致広と共に、彼ら／彼女らの政治・歴史文書を翻訳・刊行していた（『もう、たくさんだ！――サパティスタ先住民蜂起の記録①』（現代企画室、一九九六年）。また、蜂起の過程に併走するようにして、未だかつて存在することのなかったこの特異な運動を分析し、その意義を解き明かす文章を書き綴っていた。〔それは、その後、私の著書『〈異世界・同時代〉乱反射』（現代企画室、一九九六年）に収められた〕。そこで、私も幾人かの仲間と共に、メキシコ南東部チアパス州の山の中にある解放区へ行った。世界中から三、〇〇〇人ほどが集まったこの会議は、参加登録など組織過程そのものがインターネットなしには成り立ち得なかった。サパティスタは、当時は対外発信力の旺盛な運動体だったが、しかもそのメッセージの明快さと鮮烈さ、発想・文体・言葉遣いに表われている独自の哲学が、内外の多くの人びとを惹きつける魅力の根源でもあったが、密林に深く蔽われたチアパスの村々に電気は通っておらず、自らが直接的にインターネット上で発信できるわけではなかった。

だが、メキシコ都市部にも、かつてはメキシコ領土であった米国のテキサスやカリフォルニアにも、叛乱者たちと心を通わせるバイリンガルの人びと（二重言語使用者）がおおぜいいた。サパティスタが発するメッセージは、解放区の外部に暮らす協力者の手を介して、スペイン語のまま、あるいはさまざまな言語に翻訳されて、即刻世界中に届けられた。インターネットを直接には使えない社会運動体が、もっとも「有効に」インターネットを駆使している〈逆説性〉が深く印象に残った。

帰国後、インターネットは私にとってヨリ身近な存在となった。繰り返し言うが、技術的には未熟な段階に停滞したままではある。それでも、一九九七年以降に書いた私の文章のほとんどは、ひとの力を借りながら、ブログ上にアップするようにして、現在に至っている。新たな出来事が起こった時に、このテーマについては以前書いたことがあるなと思いつくと、すぐ検索できるのだから、便利この上ない。自分が過去に行なった分析の妥当性如何を確認することができる。それだけではない、同じテーマについて他者が行なっている発言や分析方法にも触れることができる。コピー機もない時代、図書館で、先行する他者の意見の「書き写し」を山ほど経験してきた世代の人間だから、夢のような話ではある。

ツイッターもフェイスブックも、それぞれの段階での必要度に応じて利用してきている。どこそこで講演するとか、どこかの集まりへ行くとかの情報も、最初のころは「宣伝」効果を狙う意図はなく、「プライバシー」を晒しださない限りで、物珍しい媒体をとにかく使ってみたいという気持ちでやっていたように思うが、それを見た人が実際に会場へ来ていると知って、新鮮な驚きを感じたりもした。そんなことが自分が住む東京ではなく講演先の見知らぬ町で起きたりすると、それは喜びでもあった。

「弊害」にはさまざまな段階で気づいていた。例えば或る社会運動関係のメーリング・リストに参加していたが、ちょっとした言葉の行き違いや、相手に対する勢いに任せた過剰な論難の言葉が、救いがたいやり取りに陥っていく現場をネット上で幾度も見た。当事者ではない者の位置から見れば、顔を突き合わせて話し合っていたならば、激論にはなっても、ここまで泥沼化しなかったのではないかと思われる場合が多く、インターネット上の議論は恐ろしいものだという印象を、初期の段階でもった。

私は、だが、自己認識としてはインターネットとの「牧歌的な」付き合い方をも一つの糧として本書の文章を書いてきた。この媒体の「よい」面だけを見て、「いやな」面との付き合いを避けてきたのかもしれぬ。そのような私が、本書のタイトルを『さらば！　検索サイト』と名づけたのはなぜなのか。読者の皆さんがその理由を、本書の叙述の方法と「あとがき」を通して理解してくださるなら、うれしい。

さらば！　検索サイト——太田昌国のぐるっと世界案内◉目次

11 第一章 現在を渉猟する

現在を渉猟する

歴史を掘り下げる

109 第二章 歴史を掘り下げる

芸術から社会を語る

第一章　現在を渉猟する

ここに収めるのは、第Ⅸ期・反天皇制運動連絡会機関誌『反天皇制運動カーニバル』第33号（2015年12月）から第38号（2016年5月）まで、および第Ⅹ期・同連絡会機関誌『反天皇制運動Alert』第1号（2016年7月）から第29号（2018年11月）まで、「太田昌国のみたび夢は夜ひらく」と題して連載されたものである。連載回数は102回目となり、今後も続く予定である。ただし、最後の文章は、連載を休み、同機関誌第30号（2018年12月）の「状況批評」欄に掲載された。連載の表題の由来は、連載初回（2010年3月）に、以下のように書いたことによる――「生活と仕事の時間からくる制約上、原稿は深夜に書く。夜更けて、25時26時27時と、机に向かう。大体は、とりとめもない妄想が、そして時には、夢が、ひらいてくる。ゆえに、ご覧のような連載タイトルとなった。乞う、ご寛容、および同志的な批判。」

「魂の飢餓感」と「耐用年数二〇〇年」という言葉

翁長雄志沖縄県知事が発するメッセージには、じっくりと受け止めるべき論点が多い。権力中枢の東京では、論議を回避してひたすら思うがままに暴走する極右政治が跋扈する一方、本来の保守層の中から、それに抵抗する粘り腰の考えと行動が随所で生まれていることに注目したい。なかでも、辺野古問題をめぐる翁長知事の揺るぎない姿勢が際立つ。翁長知事は、日米安保体制そのものは「是」とする立場であることをたびたび表明しているが、この人となら私のような日米安保解消論者も、その「是非」をめぐって、まっとうな討論ができるような気がする。辺野古に限らず、高江のヘリコプター着陸帯計画や宮古島への陸上自衛隊配備構想なども含めて、日米両国の支配層が琉球諸島全域において共同であるいは個別に行ないつつある軍事的な再編の捉え方に関しても。

十二月二日、辺野古の新基地建設計画に伴う埋め立て承認取り消し処分を違法として、国が翁長知事を相手に起こした代執行訴訟の第一回口頭弁論において、知事は十分間の意見陳述を行なった。訴訟で問われているのは、(大日本帝国憲法下で制定された)公有水面埋立法に基づく判断だが、その枠内での法律論は県側が提出した準備書面で十全に展開されている。そこでは、一九九九年の地方自治法改訂によって国と地方が対等な立場になったことをはじめ、憲法の規定に基づく人格権、環境権、地方自治の意義などをめぐる議論が主軸をなしている。そのためもあろうか、知事の陳述自体は法律論を離れて、過重な基地負担を強いられてきている沖縄の歴史と現状を語ることで、地方自治と民主主義の精神に照らして見た場合、沖縄にのみ負担を強いる安保体制は正常なのかと社会全体に問いかけた。とりわけ、二つの箇所が印象に残った。「(沖縄県民が)歴史的にも現在においても、自由・平等・人権・自己決定権を蔑ろにされてきた」ことを「魂の飢餓感」と表現している箇所である。この表現を知事は過去においても何度か口にしている。私には、どんなに厳しいヤマト批判の言葉よりもこの表現が堪える。一九六〇年の日米安保条約改定を契機にしてこそ、ヤマトの米軍基地は減少し始め、逆に沖縄では増大する一方であった事実に無自覚なまま、私たちの多くは「六〇年安保闘争」を戦後最大の大衆闘争として語り続けてきた。それだけに、「魂の飢餓感」という言葉は、沖縄とヤマトの関係性の本質を言い表わすものとして、支配層のみならず私たちをも打つのである。

いまひとつは、「海上での銃剣とブルドーザーを彷彿させる行為」で辺野古の海を埋め立て、普天間基地にはない軍港機能や弾薬庫が加わって機能強化される予定の新基地は「耐用年数二〇〇年ともいわれている」と述べた箇所である。耐用年数二〇〇年と聞いて、私が直ちに思い浮かべるのは、キューバにあるグアンタナモ米軍基地である。米国がこの海軍基地を建設したのは一九〇三年だった。現在から見て一一二年前のことである。その後六十年近く続いた米国支配が終わり革命が成っても(一九五九年)、米国がキューバの新政権を嫌い軍事侵攻(初期において)や経済封鎖(一貫して)を行なってきた半世紀以上もの間にも、米国はグアンタナモ基地を手離すことはなかった。革命後のキューバ政府がどんなに返還を求めても、である。現在進行中の両国間の国交正常化の交渉過程においても、米国にグアンタナモ返還の意志は微塵も見られない。

一世紀以上も前に行われた米国のキューバ支配の意志は、当時の支配層の戦略の中に位置づけられていた。南北戦争(一八六一年~六五年)、ウーンデッド・ニーでのインディアン大虐殺(一八九〇年)などの国内事情に加えて、モンロー宣言(一八二三年)、対メキシコ戦争とカリフォルニアなどメキシコ領土の併合（一八四八年）、ペリー艦隊の日本来航（一八五三年）、キューバとフィリピンにおける対スペイン独立戦争の高揚を機に軍事的陰謀を計らって、局面を米西戦争に転化（一八九八年）して以降カリブ海域支配を拡大、ハワイ併合（一八九八年）、コロンビアからのパナマ分離独立の画策（一九〇三年）とパナマ運河建設（一九一四年）など、米国が当時展開していた対カリブ海・太平洋地域戦略を総合的に捉えると、グアンタナモを含めてそれぞれの「獲得物」が、世界支配を目論む米国にとっていかに重要かが、地図的にも見えてくる。戦後七十年を迎えている沖縄をも、あの国は、いま生ある者がもはや誰一人として生きてもいない一世紀先や二世紀先の自国の利害を賭けて、その軍事・経済戦略地図に描き込んでいるのである。それに喜々として同伴するばかりの日本政府のあり方も見据えて発せられている「耐用年数二〇〇年」という翁長知事の発言に、現在はもとより未来の世代の時代への痛切な責任意識を感受する。

『反天皇制運動カーニバル』第三三号（通巻三七六号、二〇一五年十二月八日発行）掲載

朝鮮の「水爆実験」と「慰安婦」問題での日韓政府間合意

国連の安保理事会構成国である五大国が独占してきた核兵器を、他の国が（しかも小国が！）持つことは許さないとするのが、核不拡散条約の本質である。この条約の制定とそれ以降の過程を詳述する紙幅は、今はない。また、イスラエル、インド、パキスタンなどの「小国」も核を保有するに至っ

た現実を、ときどきの国際情勢の下にあって「容認」するか否か、あるいは確認せぬままに目を瞑るかなどの駆け引きも、これを機に利を得ようとする大国がマリオネットの操り師になって、誰の目にも明らかな形で行なわれてきた。したがって、国際政治における「核不拡散」なるスローガンの欺瞞性を批判することは重要だ。国際政治では、つまるところ、「力」を誇示したものが勝つのさ――身も蓋もない「教訓」をそこから得て、核開発に膨大な国家予算を費やしてしまう、「敵」に包囲された貧しい国の若年の国家指導者がいたところで、「軍事を通した政治」に関して同等のレベルで物事を考え、ふるまっているひとつ穴の貉が、どうして、それを嗤い、非難することできようか。

また、自らは核を持たずとも、安保条約なる軍事同盟によって「米国の核の傘」の下にあることを積極的に選んでいるこの国で、そしてその米国はといえば、一九五三年以来、朝鮮民主主義人民共和国（以下、朝鮮）との間で結んでいるのは休戦協定でしかなく、韓米両軍は朝鮮に対する挑発的な合同軍事演習を一貫して行なっている事実を思えば、ここでも自らを省みずに他国を非難するだけでは、事態を根本的に解決する道筋は見えてこないと指摘しなければならない。

一月六日、朝鮮が行なった「水爆実験」に関して、各国政府やマスメディアが組織する一方的な朝鮮非難の合唱隊に加わらず、せめてこの程度の相対的な視点をもって、事態を見つめることは重要なことだ。彼の国の科学技術水準に軽侮の表情を浮かべながら「水爆開発はまだ不可能」と（おそらくは）正確に事態を捉えていながら、「今、ここにある危機」を演出する政府とメディアの宣伝攻勢も鵜呑みにはせずに、冷静な分析を心がけることも重要だ。そうすれば、多くの専門家が言うように「朝鮮の核開発の段階は実用化には程遠く、実戦用の核兵器の小型化に努めている時期だろう」との判断も生まれよう。事態の把握の仕方は、対処すべき方法を規定することに繋がるのだから、大事なことだ。
さて、これらのことは自明の前提としたうえで、同時に、次のことも言わなければならないと私は思う。朝鮮が行なった「水爆実験」は、疑いもなく、東アジアおよび世界各地に生まれるかもしれない戦争の火種を一所懸命に探し求め、あわよくばそこへ戦争当事国として参加しようと企てている安倍政権にとって、この上ない、新春のプレゼントとなった、と。戦争法の施行を目前に控えているいま、この「水爆実験」は安倍の背なかを押すものとなった、と。

朝鮮の「水爆実験」に理があるものなら、私はこのような批判はしない。「安重根による伊藤博文暗殺が、日本が朝鮮を併合するのに有利な環境を作り出した」という俗論を、日本は当時すでに十数年をかけて朝鮮植民地化の準備を積み重ねていたという歴史的な事実に反するがゆえに、かつ時代状況的には安重根に「理」があったと思うがゆえに、私は受け入れないように。だが、朝鮮の核実験には理がない。若い指導者がしがみついているのであろう「核抑止論」は、どの国の誰が主張しようと、深刻な過ちであると考えるからである。

今回の事態を、昨年末に日韓政府間レベルだけでの急転直下の「解決」をみた「慰安婦」問題と併せて総体的に分析する視点が必要だと思われる。昨年十二月十六日、「慰安婦」問題を話し合っていた日韓局長協議は結論に至らず越年する、との発表があった。その九日後の二十五日には、二十八日の日韓外相会談が公式に発表された。この間に何があったのか。米国政府からの圧力があったことを仄めかす記事は散見される。米国の外交政策を仕切るといわれる外交問題評議会（CFR）が十二月二十日に出した討議資料“Managing Japan-South Korea Tensions”（日韓の緊張を何とか切り抜ける）もネット上には出回り始めた。

慌ただしい年末ギリギリの三国政府間の「圧力」と「談合」の実態を見極め、朝鮮半島全体で何が進行しているのか、その中で日本はどこに位置しているのか、を探る必要がある——敗戦後七十年目の昨年にも「最終的かつ不可逆的に解決」されることのなかった課題が私たちの眼前に広がっている。

『反天皇制運動カーニバル』第三四号（通巻三七七号、二〇一六年一月十二日発行）掲載

国際政治のリアリズム——表面的な対立と裏面での結託

朝鮮民主主義人民共和国（以下、朝鮮）が予告した「衛星打ち上げ」についての報道状況を知るために、久しぶりにＮＨＫのテレビニュースを点けた。たまに観るだけだが、ちょうど桜島噴火報道と重なったために、朝鮮報道と災害報道に懸けるＮＨＫの「熱意」は半端なものではない、とあらためて思う機会ともなった。いずれも、視聴者の危機感を煽りたてるためには、この上ない材料なのであろう。神戸大震災と「３・11」を経験したいま、万一の場合に備えて、時々刻々の災害報道が必要なことは言を俟たない。そのことを認めたうえで、ＮＨＫ的な危機煽りの報道によって「組織」される人びとの心の動きを注視することも、止めるわけにはいかない。

朝鮮の「衛星打ち上げ」についても、飛行経路に近い地域の自治体の対応ぶりが事細かに報道されている。ミサイルの二段目ロケットが上空を越えることになる沖縄県宮古島市、同じ先島諸島の石垣市、地対空誘導弾パトリオット３（ＰＡＣ３）が配備されている航空自衛隊基地のある那覇市などの

動きに加えて、「部品が落下する恐れがある」航行危険区域を示す漁業安全情報が各漁協に徹底周知されたなどという文言に接すると、ひとは当然にも、「今、ここにある危機」を持つよう、精神的に駆り立てられる。ひとというものは、ときに哀しい存在だとつくづく思う。情緒に巻き込まれ、自らすすんで「危機」を択びとってしまうのだ。

しかも、この情景には既視感がある。日米防衛協力のために新ガイドライン（指針）を実施に移すための、周辺事態法などの関連法案が国会で審議されていた小渕政権下の一九九八〜九九年の時期である。ソ連体制はすでに崩壊し、旧ソ連の日本侵攻を想定して作られていた旧ガイドラインは実質的に失効した。今や朝鮮半島有事などの「周辺事態」に際しての物資の輸送や補給など米軍への後方支援や、米軍に民間の空港・港湾を使用させることなどおよそ四〇項目を盛り込んだ対米支援策が論議されていた。

そのさなかの一九九八年八月、金正日指導下の朝鮮はいわゆるテポドンを発射した。それは東北諸県を横切って、三陸沖に落下した。翌九九年三月、朝鮮の高速艇が能登半島沖に現われた。これを「不審船」による領海侵犯と見た海上自衛隊と海上保安庁が追跡し、威嚇射撃も行なった。この段階で、「朝鮮有事」は実際にあり得ることだとの実感が、人びとの心に浸透した。ガイドライン法案は国会を通過した。

このころ、元陸上自衛隊人事部長・志方俊之はいみじくも述懐している——日本人には、太平洋戦争の経験に基づく本能的な恐怖がふたつある。空襲とシーレーン喪失の恐怖である。テポドン発射と不審船の横行は、まさにこの恐怖心の核心を衝くものだった。民心は大きく動き、自民党政権が何十年もかかってもできなかった新段階の防衛政策の採用へと大きく前進することができた、と（『諸君！』一九九八年十二月号）。彼が言外に語っていることは、以下のように解釈できよう。表面的には激しく対立しているかに見える日米の軍産複合体支配層と朝鮮の独裁体制は、その軍事優先政策を国内的に納得させるためには、裏面で手を結び合っている、と。国家の枠組みの中での駆け引きとして行なわれる国際政治に貫かれているこのリアリズムを、私たちは頭に入れておかなくてはならないと私は思う。

朝鮮といえば、蓮池透著『拉致被害者たちを見殺しにした安倍晋三と冷血な面々』（講談社、二〇一五年）と題する本を読んだ。同氏と私が『拉致対論』（太田出版）を刊行したのは二〇〇九年だった。民主党政権成立時に重なり、対朝鮮外交への提言的な要素も盛り込んだ。だが、それまで自民党政権を支えてきた外務官僚が急に発想の転換を行なうはずもなく、それを促す力量が政権に備わっているわけでもなかった。民主党政権の三年間は無為に過ぎた。そのあとには、何かといえば拉致問題解決のために「あらゆる手段を尽くす」と見栄を切る安倍晋三が再登場したが、対朝鮮外交における無為無策は一目瞭然である。しびれを切らした蓮池は、「拉致問題を利用して首相にまで上り詰めた」人物に過ぎない安倍の姿を描いている。この問題の裏面を知り尽くしているだけに、視界が開ける。同時に蓮池は、拉致被害者家族会事務局長を任じていた時期の自分が、政府を対朝鮮強硬路線に駆り立てた過去にも、自己批判をこめて触れる。

朝鮮と日本の関係性をめぐる問題は、さまざまな顔貌をして、私たちの眼前にある。情緒に溺れることなく、歴史的な視点を手放さずに、冷静に向き合い続けたい。

『反天皇制運動カーニバル』第三五号（通巻三七八号、二〇一六年二月九日発行）掲載

「世界戦争」の現状をどう捉えるか

アラブ地域の現情勢を指して、「世界戦争」とか「第三次世界大戦の始まり」と呼ぶ人びとが目立つようになった。いわゆるイスラーム国には、欧米を含む世界各地から数多くの義勇兵が駆けつけている。シリアに対する空襲は、国連安保理常任理事国を構成する五ヵ国のうち中国を除く米英仏露の四ヵ国によってなされている。この構図を見るにつけても、「世界戦争」という呼称は、あながち、大げさとは思えなくなる。その社会的・政治的メッセージの鮮烈さにおいて群を抜く現ローマ教皇フランシスコは、二〇一五年十一月十三日パリで起きた同時多発攻撃事件を指して「まとまりを欠く第三次世界大戦の一部である」と表現した。国家単位の戦闘集団ではないイスラーム国が、世界各地に自在に軍事作戦を拡大する一方、これに対して「反テロ戦争」の名目で諸大国が（あくまでも表面的には）「連携している」という意味で、第一次とも第二次とも決定的に異なる、現下の「世界戦争」の性格を巧みに言い当てているように思われる。

この「世界戦争」という構図の枠外に位置しているかのように見える、残りの安保理常任理事国＝中国も自らの版図内に、北京政府から見れば「獅子身中の虫」たる新疆ウイグル自治区を抱えている。多数のイスラーム信徒が住まうこの自治区は、世界的な「反テロ戦争」のはるか以前から、中国内部に極限された「反テロ戦争」の中心地であった。北京政府の強権的な政策（ウイグル人の土地の強制収容、漢民族の大量移住計画、ウイグル人に対する漢民族への徹底した同化政策、信仰の自由に対する抑圧など）に反対する人びとによる爆弾闘争が散発的に繰り返され、これに対する弾圧も厳しかったからである。圧政を逃れて、トルコなどへ亡命しているウイグル人も多い。その人びとの心の奥底に、イスラーム国に馳せ参じる若者たちに共通の心情が流れていても、おかしくはない。事実、二〇一三年十月には、ウイグル人家族がガソリンを積んだ車で天安門に突入し自爆する事件も起こっている。北京政府を標的にした軍事攻撃は、イスラーム国のそれにも似て、すでにして辺境＝新疆ウイグルに留まることなく、首都中枢にまで拡散しているのだといえる。

私は、今年一月に行なわれた中国の習近平主席のサウジアラビア、エジプト、イラン訪問に（訪問先の選び方も含めて）注目したが、各紙報道にも見られたように、これは明らかに、ユーラシアをシルクロードで結ぶ「一帯一路」の経済圏構想を具体化するための布石であった。これを実現するためには、新疆ウイグル自治区の「安定」が不可欠である。だが、同時に、習近平は知っていよう——新疆ウイグル自治区は、イスラーム国の浸透が顕著なカザフスタン、キルギス、タジクなどのイスラーム圏共和国と天山山脈を境にして接する同一文化圏にあることを。中国政府は、現在、チベットや新疆ウイグル自治区に対する政策を人権侵害だとする欧米諸国からの批判は「二重基準（ダブル・スタンダード）」だとして反発している。だが、この地域での蠢動を続けるイスラーム国の軍事攻撃が、さらに国境を越えていくならば、現在は別個に行なわれている欧米諸国と中国の「反テロ戦争」が、共通の「敵」を見出して合体するときがくるかもしれない。そのとき、ローマ教皇がすでに始まっているとみなしている「第三次世界大戦」はいっそうの「世界性」を帯びざるを得ない。

他方、中国は、中央アジアを離れて、東アジア地域においても重要な位置をもっている。去る三月二日、国連安保理事会は、朝鮮民主主義人民共和国が行なった核実験と「衛星打ち上げ」に対して、同国に出入りするすべての貨物の検査を国連加盟国に義務づけ、同国への航空燃料の輸出禁止を含む大幅な制裁決議を採択した。制裁強化を躊躇っていた中国も、最終的にはこれに賛成した。中国の四大国有商業銀行は、従来は米ドルに限っていた朝鮮国への送金停止措置を、人民元にまで拡大している。

三月七日には、朝鮮が激しく反発している米韓合同軍事演習が始まる。朝鮮半島は、残念なことに、「第二次世界大戦」の一翼を担う潜在的な可能性をもち続けている。

ここでは、否定的な現実ばかりを述べたように見える。もちろん、たゆまぬ反戦・非戦の活動を続ける人びとが世界的に実在している（いた）からこそ、世界はこの程度でもち堪えている（きた）ことを、私たちは忘れたくない。

『反天皇制運動カーニバル』第三六号（通巻三七九号、二〇一六年三月八日発行）掲載

米大統領のキューバ訪問から見える世界状況

私が鶴見俊輔の仕事に初めて触れたのは、高校生のころに翻訳書を通してだった。米国の社会学者、ライト・ミルズの『キューバの声』の翻訳者が鶴見だった（みすず書房、一九六一年）。表紙カバーには、原題"Listen, Yankee"（『聴け、ヤンキー』）の文字が浮かび上がっていた。一九六〇年夏まで（ということは、キューバ革命が勝利した一九五九年一月からおよそ一年半の間は）ミルズはキューバについて考えたこともなかった、という。だが六〇年八月、キューバの声は「空腹民族ブロック

を代表する」(原語はどうだったのか、「空腹民族」とは言い得て妙な、「面白い」表現だ) ひとつの声だと悟ったミルズは、急遽キューバを訪れ、フィデル・カストロやチェ・ゲバラはもとより市井の多くの人びとと会って話を聞き、それを「代弁」するような書物を直ちにまとめた。米国は「空腹世界のどのひとつの声にも耳をかたむけることをしないということが許されないほどに強大で」あることに気づいたからである。原書は六〇年末までに刊行されたのであろうが、六一年三月には日本語版が発行されている。改訂日米安保条約強行採決に抗議して東工大教官を辞したばかりの翻訳者・鶴見をも巻き込んでいた「時代」の熱気を感じる。

オバマ米大統領のキューバ訪問についての報道を見聞きしながら思い出したことのひとつは、ミルズのような米国人も存在していたのだということである。当時のケネディ大統領も含めた米国の歴代為政者が、もしミルズのような見識(他民族・他国の独自の歩み方を尊重し、米国がこの国に揮ってきた政治・経済の強大な支配力を反省する) の持ち主であったならば、半世紀以上にもわたって両国間の関係が断絶することはなかったであろう。軍事侵攻によってキューバ革命の圧殺を謀った過去を持つ米国の大統領としてキューバを訪れたオバマは、人権問題をめぐってキューバに懸念を示す前に、言うべき謝罪の言葉があったであろう。キューバが深刻な人権侵害問題を抱えているというのは、私の観点からしても、事実だと思う。だが、自国の過誤には言及せず、サウジアラビアやイスラエルによる人権侵害状況にも目を瞑り、むしろこれを強力に支えている米国が、選択的に他国の人権問題を批判することは、二重基準である。米韓合同軍事演習は、通常の何気ない言葉で表現し、朝鮮が行なう核実験やミサイル発射のみを「挑発」というのと同じように――大国とメディアが好んで行なうこの言語操作が、いつまでも(本当に、いつまでも!) 人びとの心を幻惑しているという事実に嘆息する。

一九〇三年以来米国がキューバに持つグアンタナモ海軍基地を返還するとオバマが語ってはじめて、キューバと米国は対等の立場に立つ。グアンタナモとは、裁判もなく米軍に囚われて虐待されているアルカイーダやタリバーンなどの捕虜の収容所だけなのではない。一世紀以上の長きにわたって、米軍に占領されているキューバの土地なのだ。他国にこんな不平等な関係を強いて恥じない大国の傲慢さを徹底して疑い、批判するまでに、世界の倫理基準は高まらなければならない。

オバマはキューバからアルゼンチンへ向かった。後者には、十数年ぶりに右派政権が成立したからである。各国が軒並み軍事独裁政権であった時代に、米国主導の新自由主義経済政策によって社会に大混乱をもたらされたラテンアメリカ諸国には、二十世紀末から次々と、米国の全的支配に抵抗する政権が生まれた。二十数年間続いてきたこの流れは、この間、一定の逆流に見舞われている。だが、全体を見渡すと、この地域に、いま戦乱はない。軍事的緊張もない。一九六二年のキューバ・ミサイル危機を思い起こせば、感慨は深い。東アジア、アラブ、ヨーロッパ、北部アフリカなどの地域と比較すると、それがよくわかる。かつてと違って、米国の軍事的・経済的・政治的なプレゼンス（存在）が影をひそめたことによって、社会の安定性が高まったからである。巨大麻薬市場＝米国と、悲劇的にも国境を接するメキシコが、一〇万人にも上る死者を生み出した麻薬戦争の只中にある事実を除けば。

米国の「反テロ戦争」を発端とするアラブ世界の戦乱が北アフリカ地域にも飛び火している、悲しむべき状況を見よ。六十年以上も続く、朝鮮との休戦協定を平和協定に変える意思を米国が示さぬために、米韓合同軍事演習と朝鮮の「先軍路線」の狭間で、「（金正恩の）斬首作戦」とか「ソウルを火の海にする」とか、熱戦寸前の言葉が飛びかう東アジア情勢を見よ。米国の「存在」と「非在」が世界各地の状況をこれほどまでに左右すること自体が不条理なことだが、その影響力を減じさせると、当該の地域には「平和」が訪れるという事実に、私たちはもっと自覚的でありたい。

『反天皇制運動カーニバル』第三七号（通巻三九〇号、二〇一六年四月五日発行）掲載

先住民族と、ひとりの作家の死

去る二月に急逝した作家・津島佑子の作品には、初期のころから親しんでいた。ある時、某紙に載った彼女のエッセイを読むと、しばらくのフランス滞在中に、アイヌの神話・ユーカラのフランス語訳出版に協力していたという。彼女の作品には、北方、ひいてはそこに住まう先住民族と、山への関心が深まっていく様子を見て取ることができるようになった。父親が青森県、母親が山梨県の出身だから、「北」と「山」の文化への興味がわいた、とどこかで語ったことがあったようだ。二十数年前、先住民族＝アイヌの権利獲得の一環として、アイヌの人びとが働き、集うことができる料理店「レラ・チセ（風の家）」建設のための活動をしていた私たちは、この未知の作家に手紙を書き、レラ・チセ建設活動の呼びかけ人となってくれることを依頼した。快い承諾を得て、彼女はさらに身近な存在になった。

『アイヌの神話　トーキナ・ト　ふくろうのかみの　いもうとのおはなし』という絵本がある（福音館書店、二〇〇八年）。翻案された文は津島、挿画に使用されているアイヌ刺繍は宇梶静江の手になる。アイヌ文化活動家の宇梶も、レラ・チセ初期の担い手のひとりであり、現在にまで至るその活動は目覚ましい（存在感のある俳優、宇梶剛士は彼女の長男である）。レラ・チセは十数年間に及ぶ営業ののち事情あって閉店したが、当時の若い担い手が数年前から、東京・新大久保で「北海道・アイヌ料理店／ハルコロ」（アイヌ語で、おなかいっぱい、の意）を運営している。朝鮮、中国、ベトナム、タイなどの料理店や食材店が林立し、東南アジアの人びとで賑わう「イスラーム横丁」もある新大久保に、ハルコロがあるのは似つかわしい。数年前、恥ずべき「ヘイトスピーチ（差別煽動表現）」のデモ行進現場ともされた新大久保界隈は、外部から悪煽動のためにやって来る者たちがいない限りは、日常的にはほんとうは、多民族共生・多文化表現の場所である。

津島佑子急逝の衝撃から書き始めたので、思わず、回顧的な書き方となったが、もう少しそれを続ける。その後、彼女の知遇を得た私は、アンデスの先住民族の世界を描いたボリビア映画上映時の対談相手をお願いしたり、彼女が高く評価するアジア女性作家の小説を翻訳・紹介する出版企画で協働したりしてきた。「3・11」後には、経産省包囲行動の現場で偶然出くわしたこともあった。その作品には、時代への危機意識が顕わになっていた。

津島の死後、早くも、遺作と最後のエッセイ集が刊行された。前者は『ジャッカ・ドフニ―海の記憶の物語』（集英社）、後者は『夢の歌から』（インスクリプト）である。時空を超えて展開する壮大な物語『ジャッカ・ドフニ』は、もちろん、興味深いが、ここでは、後者に「母の声が聞こえる人々とともに」と題した後書きを寄せている津島香以の文章で描かれている作家の晩年の姿に触れたい。

二〇一五年四月、通院治療の段階に入っていた津島は、中学校の一歴史教科書に文科省が行なった検定結果を報道した小さな新聞記事を、怒ったようにして、娘に示す。そこには「政府は、一八九九年に北海道旧土人保護法を制定し、狩猟採集中心のアイヌの人々の土地を取り上げて、農業を営むようにすすめました」となっていた記述が、「誤解を生む」との文科省の指摘で、「アイヌの人々に土地をあたえて」と変更されたと記されていた。土地を「取り上げて」を「与えて」と変えさせるような詐術を、文科省に巣食う歴史修正主義官僚は事もなげに行なうのである。保護法には、確かに、アイヌ家族一戸当たり一定の土地を「無償下付」するとの規定があったが、それが農地に適さないものであったという事実や、それ以前の段階での土地収奪などをも無視した教科書の記述は、「歴史を偽造する」ものでしかない、と作家は怒りをもったのだろう。

先住民族は、歴史上のどこかの時点で植民地主義支配を実践した欧米日諸国によって必然的に生み出された存在である。歴史的にも、国際法上も「不法な」ところ一点の曇りもない洗練された国家であることを誇りたい欧米日諸国にとっては、国家成立の根源を問い質す存在である。国際的には、先住民族と規定された人びとに対して各国政府が特別な権利を保障しなければならないとする動きが加速している。当該の政府は、それを拒絶したい。そのせめぎ合いが、いま世界的に進行している。日本では、アイヌと琉球の地で。

「近代」が孕む問題と真正面から向き合って、文学的な格闘を続けた作家の、早すぎる死を悼む。

『反天皇制運動カーニバル』第三八号（通巻三八一号、二〇一六年五月十日発行）掲載

グローバリゼーションの時代の只中での、英国のEU離脱

一九九一年十二月、ソ連体制が崩壊した時、理念としての社会主義とその現実形態の一つとしてのソ連に対する思いとは別に、たいへんな激動の時代を生きているものだ、と思った。そして、この政治・社会の激動と併行して進行していた技術革新の重大な意味に突き動かされて、この分野には決して明るくはない私でさえもが身を投じたのが、それから数年後に急速に普及したインターネットの世界だった。メキシコ南東部の叛乱者たち＝サパティスタが、自分たちがいるチアパスの山深い密林ではインターネットが使えないのに、媒介者さえいるなら、彼ら／彼女らが発したメッセージがその日のうちにでも世界中で受信されてしまうという事実に、心底、驚いた。この驚きが、大げさのようだが、私を変えた。一九九七年以降の私の発言の多くは（おそらく九〇パーセント近くは）、いつでもインターネット空間で読むことが可能だ。同時に、この言論がそこに、いつまで「浮遊」し続けるのか？　と思うと、実のところ、こころ穏やかではない。

この新しい時代を意味づけている決定的な要素は、新自由主義的グローバリゼーションである。それが始まった契機に関しては、ソ連崩壊に二年先立つ、一九八九年十一月のベルリンの壁の崩壊も付け加えたほうがよいだろう。私は、人類史の中で「地理上の発見」や「植民地化」の史実に、異なる地域に住まう人間同士の関係性を歪める画期的な意味を読みこんできたが、いま私たちを取り巻いている「グローバリゼーション」という状況も、それに匹敵する意味を持たざるを得ないだろうと考えてきた。いずれの現象もが、もっとも重要な要素としてもっているのは、異世界の「征服」という動

機である。かつてなら、それを主導したのは国家であった。領土の拡大という、明快な目標もあった。今回のそれを主導するのは国家ではなく、米国・ヨーロッパ・日本の三極に根拠をもつ多国籍企業、複合企業、金融グループである（もちろん、そのなかでも米国が圧倒的なシェアを誇っている）。征服する側が国家ではないと同じく、征服される側も国家単位ではない。いわば、地球そのものである。技術革新が、生命操作のための遺伝子工学の分野でも驚くべき展開を遂げていることを見ても、「征服」の対象は、生命体としての人間そのものであり、それを取り巻く自然環境にまで及んでいることがわかる。

日本国の現首相は、「企業がもっとも活動しやすい国にする」と世界に向けて常々アピールしている。彼の本音には常に、内向きの偏狭な国家主義があるが、その一方、国民国家・主権・国境・独立・民主主義など、「国家」が成り立つにあたって根源をなしているはずの諸「価値」を、大企業や大金融資本の利益の前になら惜し気もなく差し出すことを公言し、それを実行しているのである。グローバリゼーションの時代とは、こんなふうに引き裂かれた人間を悲喜劇的にも生み出してしまうのだが、「引き裂かれた」とはいっても、国家主義的なポーズは国内基盤を固めるのに役立ち、後者の開国主義は、グローバリゼーションを推進する勢力によって歓迎されているのだから、本人は自己矛盾も感じることなく、心は安らいでいるのかもしれぬ。

英国のＥＵ（欧州連合）離脱をめぐる国民投票の結果を見つめながら、グローバリゼーションの暴力的な力に翻弄されて〈ゆらぐ〉人びとの心に触れた思いがした。ここでいう「人びと」とは、もちろん、ロンドン金融街の「シティ」で活躍している人びとを指してはいない。労働党が明確に「残留」方針を示したにもかかわらず、その支持層の相当部分が離脱に投票したという報道に接して、たとえばケン・ローチが好んで描く普通の、あるいは下層の労働者が現実にはどんな選択をしたのか、と気にかかったのである。二〇一五年度の英国の移民純増数は三三万人、その半数以上が、英国で労働ビザを取得することなく就業できるEU加盟国出身者だ。とりわけ、ポーランド、ルーマニア、ブルガリアなどからの新規移民に対して、英国人の雇用を奪うとか公共サービスを圧迫するなどという警戒心が広がっている現在、この生活保守主義的な傾向が、あの階級社会に生きるふつうの労働者や家族の間でどう機能したのか。一定の「理」がないではない生活保守への傾斜を、極右・排外主義と結合させない担保をどこに求めるのか。問題は、鋭角的に提起されている。

ドーバー海峡のむこうの「島国」でのみ燃え盛っている対岸の火事ではない。フランスでも、ドイツでも、米国でも、そしてこの日本でも――グローバリゼーションの時代を生きる地球上のすべての者が逃れることのできない問いに対して、英国人が最初の回答を出したのだ、と捉える視点が必要だ。

『反天皇制運動 Alert』第一号（通巻三八三号、二〇一六年七月十二日発行）掲載

「beautiful Japan !!!!!!」に、何との因果関係を見るのか

現代世界において、とりわけ、二十一世紀に入って以降、世界各地で頻発する「テロリズム」の行動について、私は、それが「反テロ戦争」と因果の関係にあると一貫して主張してきた。二〇〇一年「9・11」の事件が、いかに悲劇的なものであったとしても、攻撃されたのが超大国の経済と軍事

を象徴する建造物であったことを思えば、それが強欲な資本主義に対する底知れぬ憎悪を示す行動であったことは、誰の目にも明らかであった。ならば、超大国には、この憎悪が映し出した現代世界の「病」の依って来る由縁をこそ見つけ出し、それを除去する方策を模索することこそが求められていた。それは、自らが抱える「病根」を抉り出す手術になるはずだった。だが、周知のように、ブッシュ政権下の米国は、その内省の道を選ぶことなく、「反テロ戦争」という報復の道を選んだ。

『カンダハール』などの作品を創ったイランの映画監督、モフセン・マフマルバフの優れたメタファーを借りるなら、貧しさに喘ぐ人びとが住まう土地に超大国が落としたのは、住民が切実に求めているパンや本ではなく、忌み嫌われている爆弾だったのである。それから十五年、アフガニスタンの乾き切った大地の一部は、戦乱の中にあっても止めなかったペシャワール会などが行なう灌漑用水路を備えた農業事業で緑の大地と化している。他方、反テロ戦争の標的となった土地では数知れぬ人びとが殺され、爆弾その他の近代兵器によって大地は荒廃し、住まう条件を奪われた多数の人びとが難民となって異邦の地を流浪することを余儀なくされている。

「反テロ戦争」はアフガニスタンに留まることなく、〈世界性〉を帯びた。「反テロ戦争」が作り出した諸状況に憤激し、これへの絶望的な反抗を、憎悪に満ちた暴力で発動する「テロリズム」もまた同様に〈世界性〉を帯びて、今日に至っている。両者の因果の関係を見据えなければ、その双方を止揚する道は見つからないのだ。

因果の関係といえば、ここで、去る七月二十六日早暁、相模原で起こった障害者施設襲撃・一九人刺殺事件を取り上げたい。すべての報道に接しているわけではないが（特に、テレビニュースは、その低劣さに辟易しているので、ほとんど見ない）、この事件をこの間の日本の社会・思想状況と重ね合わせて論じる視点が少ないように思える。容疑者が事件に先立つ五ヵ月前に衆院議長（大島理森）に宛てた「障害者を殺害する」とする書簡では、「障害者総勢四七〇人を抹殺する」計画が述べられているが、中段の「革命を行い、全人類のために必要不可欠であるつらい決断」に対する衆院議長の理解を求める文面の次には「ぜひ、安倍晋三様のお耳に伝えていただければと思います」とある。末尾は、「安倍晋三様にご相談いただけることを切に願っております」という文章で締め括られている（「要旨」しか掲載しなかった新聞では、安倍に言及した箇所は省かれている。省くべき箇所ではないだろう。「異常」にも思える容疑者の心情は、この箇所において、政治の最高責任者という公人への訴えを通して社会性を獲得していると読むべきなのだから。ここでの引用は、七月二十七日付け東京新聞朝刊による）。

しかも、犯行後現場を離れた容疑者は、五分後にはツイッターに「世界が平和になりますように。beautiful Japan!!!!!!」と書き込んでいると報道されている。安倍晋三には『美しい国へ』と題した本がある（二〇〇六年、文春新書）ことは周知の通りである。容疑者が、安倍に対して大いなる親近感か共感をもっているらしいことをここから推察することは、不当なことではない。首相になって以降の安倍には、政治状況を配慮しながら言葉を「慎む」場合もあるとはいえ、その歴史修正主義者の本質には、いささかの疑念もない。自国が犯した歴史上の過ちと正面から向き合ってそれを克服するのではなく、姑息な方法でごまかしては、自国を「美しい」と言い募るのである。「美しい日本」という言葉の背後には、ナチスの優生学的な民族主義的なスローガンにも似た響きがある。

容疑者の背後にちらつく社会的な影は、ひとり安倍晋三だけではない。石原、猪瀬、舛添、小池を選び続けている都民も、橋下を選んでいた府民・市民も、信じ難いことに実在していることを考えれば、歴史修正主義の考え方および雰囲気が、ここまで社会を覆い尽くしてしまったことを認めざるを得ない。恐るべき相模原事件の依って来る由縁を、容疑者の個人史と資質に還元せずに、この社会を覆う政治思想、すなわち、経済的・身体的・歴史的な強者のためのスローガンが大手を振って罷り通る現実との因果関係で捉えなければならない。

『反天皇制運動 Alert』第二号(通巻三八四号、二〇一六年八月九日発行)掲載

もうひとつの「9・11」が問うこと

まもなく「9・11」がくる。多くの人が思い起こすのは、十五年前、すなわち二〇〇一年のそれだろう。ハイジャック機が、唯一の超大国＝米国の経済と軍事を象徴する建造物に自爆攻撃を仕掛けたあの事件を、である。もちろん、これは現代史の大きな出来事である。だが、ここでは、四十三年前、すなわち一九七三年の「9・11」を思い起こしたい。私の考えでは、これもまた、世界現代史を画する大事件のひとつである。

南米チリで軍事クーデタが起こり、その三年前に選挙を通して成立した、サルバドール・アジェンデを大統領とする社会主義政権が倒されたのだ。このクーデタは、内外からの画策が相まって実現した。チリに多大な経済的な利権を持つ米国支配層は、新政権の社会主義化政策によって、それまで恣に貪ってきた利益が奪われることに危機感をもった。CIAを軸に、アジェンデ政権を転覆させるた

めの政治的・経済的・民心攪乱的な策動を直ちに始めた。チリ国内にも、それに呼応する勢力は根強く存在した。カトリック教会、軍部、地主、分厚い上流・中産階層などである。三年間、およそ千日にわたる彼らの合作が功を奏して、軍事クーデタは成った。

当時、私はメキシコにいた。そこでの生活を始めて、二ヵ月半が経っていた。軍事クーデタのニュースに衝撃を受け、日々新聞各紙を買い求めは熟読し、ラジオ・ニュースに耳を傾けていた。九月末頃からだったか、左翼・右翼を問わず亡命者を「寛容に」受け入れる歴史を積み重ねてきているメキシコには、軍政から逃れたチリ人亡命者が大勢詰めかけてきた。いずれ、その中の少なからぬ人びとと知り合いになるが、初期のころ新聞に載った一女性の言葉が印象的だった。「記憶」で書いてみる。愛する男（夫か恋人）が軍部によって虐殺されたか、強制収容所に入れられたりしたかのひとだったろう。「相手を奪われて、セックスもできない日々が続くなんて、耐え難い」。軍事クーデタへの怒りが、このように語られることに「新鮮さ」を感じた。

二〇一〇年、チリ軍事クーデタから三十七年を経た時期に、大阪大学で或る展覧会とシンポジウムが開かれた。軍政下のチリで、女性たちが創っていた「抵抗の布（キルト）」（現地では、アルピジェラ arpilleras と呼ばれている）の意味を問う催しだった。私もそこへ参加した。アジェンデ社会主義政権に荷担していた男たち（左翼政党員、労働組合員、地域活動家など）が根こそぎ弾圧されて、ひとり残された女たちが拠り所にしたのが、抵抗の表現としてのキルト創りだった。一般的に言えば素朴で拙い表現とも言えるが、下地には「いなくなった」人のズボンやシャツ、パジャマの生地が使われている。語るべき「言葉」を持っていた男たちが消されたとき、言葉を奪われてきた女たちは別な形で「表現」を獲得した。それが、軍政下の抵抗運動の、「核」とさえなった――岡目八目ながらも、私はそのことの意義を強調した。そして付け加えた。チリ革命の只中で実践された文化革命的な要素がそこには生きているのではないか。すなわち、表層的な政治・社会革命に終わるのではなく、人びとが置かれている文化環境（従来なら、北米のハリウッド映画、ディズニー漫画、コミック、女性誌など、一定の価値観を「それとなく」植えつける媒体が圧倒的な力を揮っていた）に対する地道な批判活動が展開されていたからこそ、軍政下で「抵抗の布」の活動が存在し得たのではないか、と。

アジェンデ社会主義政権下の試行錯誤の実態と、軍事クーデタ必至の緊迫した状況を伝える パトリシオ・グスマン監督のドキュメンタリー『チリの闘い』（一九七五〜七八年制作）がようやく公開される。社会主義政権の勝利を願う「党派性」をもつ人びとがカメラを担いでいる。だが、現実は仮借ない。激烈な言葉が宙に舞い、現実はまどろっこしくもひとつも動かない状況を写し撮ってしまう。デモや集会に目立つのは若い男たち。女たちは、日常品不足のなか生活用品獲得に精一杯だ。撮影スタッフは五人程度だったというから、まぎれもなく進行していた〈階級闘争〉の攻防は主として都市部で撮影され、先住民族の土地占拠闘争が進行していたチリ南部農村地帯の状況はスクリーンに登場しない。〈欠落〉を言えばキリがない。だが、進行中の〈階級闘争〉の現実をここまで描き出した記録映画は稀だ。この状況下で、どうする？　ああすればよい、こうすればよい——戸惑いつつも、何ごとかを決断して、前へ進まなければならぬ。

四十年前のこの映画には、今を生きる私たちの姿が、描き出されている。

『反天皇制運動 Alert』第三号（通巻三八五号、二〇一六年九月六日発行）掲載

独裁者の「孤独」／「制裁」論議の虚しさ

『将軍様、あなたのために映画を撮ります』という映画を観た。原題は"The Lovers and the Despot"（恋人たちと独裁者）。監督は、イギリス人のロス・アダムとロバート・カンナンで、二〇一六年制作。出演は崔銀姫、申相玉、金正日その他。この映画のことを知らぬ人は、出演者の名に驚かれよう。金正日は、まぎれもなく、二〇一一年に死去した朝鮮労働党総書記・国防委員長、その人である。記録映像による動画や「主人公」三人の3ショット写真も挿入されているが、彼の場合は、監督によって録音されていた音声「出演」を通して語られる内容こそが面白い。

ことの顚末を簡潔に記す。崔銀姫と申相玉はそれぞれ、一九七〇年代韓国の著名な映画女優であり、監督であった。かつては夫婦であったが、わけあってすでに離婚していた。朴正熙の軍事政権下、映画造りにはさまざまな制約が課せられ、自由も仕事もない。一九七八年、まず崔銀姫が、仕事を求めて出かけた香港で行方不明になる。事態を知った申相玉も事実の究明のためにそこを訪れるが、彼もまたさらわれる。種を明かせば、二人は、映画好きで、『映画芸術論』と題した著書もある金正日の指令で、低水準の北朝鮮映画界のテコ入れのために映画造りに専念させるべく、拉致されたのである。金正日自身が、録音されていた申相玉との対話の中で語っているのだから、その通りなのだろう。因みに、拉致されてピョンヤンの外港に着いた崔銀姫は或る男の出迎えを受けた。男は言った。「ようこそ、よくいらっしゃいました。崔先生、わたしが金正日です」（同映画および崔銀姫／申相玉『闇からの谺』上下、文春文庫、一九八九年）。

二人が北朝鮮で映画制作に携わったのは三年だったが、「厚遇」を受けて十七本もの作品を生み出した。女優は悲しみに暮れながらも「協力」させられ、モスクワ映画祭で主演女優賞を得た作品もあった。他方、監督は、金正日から与えられた豊富な資金と「自由な」撮影環境を存分に「享受」して、映画制作に熱中した。最後には二人して脱出に成功するのだが、映画も本も、そのすべての過程を明かしていて興味深い。

独裁者・金正日は孤独である。自分が「泣き真似すると、そこにいる人たち全員が泣く。それを見て哀しくなって、わざと泣いてみたりした」と監督に語ったりする。その近現代史において幾多の独裁者を生んだラテンアメリカ各国では、優れた文学者がそれらをモデルとして描いた「独裁者小説」ともいうべきジャンルが生み出された。現実の独裁制下で生きざるを得ない人びとにはたまったものではないが、文学の力は、凶暴な権力者にだけ留まることのない「人間」としての独裁者を造型して、問題の在り処を深めた。すなわち、例えば、人びとがもつ権力への恐怖と畏怖ばかりか、独裁者の思いを忖度して競って泣くような、「馴致」された人びとの精神状況をも描き出してしまったのである。それを哀しむ金正日の言葉が挿入されていることで、この映画を単に「反金正日」キャンペーンのために利用しようとする者は裏切られよう。もっと深く、ヨリ深く、問題の根源へと向かうのだ――という呼び掛けとして、私はこの映画を理解した。

この映画が公開されているいま、世の中には（日本でも、世界中でも）、対北朝鮮「制裁」強化の声が溢れかえっている。北朝鮮が第五回目の核実験を実施したばかりだからである。

独裁者は、映画の世界に浸って生きることができれば幸せだったかもしれない男の三男に代わっている。現在の独裁者は、その視野がヨリ狭いような印象を受ける。軍事的誇示によってではなく、

「ここで跳ぶのだ、世界に向かって」と虚しい声掛けをしたくなる。
他方、「制裁」を呼号する者たち（国連、各国首脳）の呼ばわりも虚しい。君たちの怠慢が、東アジアに平和な状況を創り出す強固な意志の欠如が、この事態を引き出したのだ。とりわけ、日本政府の責任は重い。安倍晋三が二〇〇二年小泉首相訪朝に同行して対北朝鮮外交の先頭に立って以来、（病気や下野の期間も挟むが）十四年の歳月が過ぎた。これだけの年数を費やしながら、拉致問題解決のメドも立たず、北朝鮮の軍事的冒険を阻止することもできなかった。北朝鮮の核実験は、すなわち、安倍外交が失敗したことを意味する、との批判的な分析こそが必要なのだ。

『反天皇制運動 Alert』第四号（通巻三八六号、二〇一六年十月四日発行）掲載

コロンビアの和平合意の一時的挫折が示唆するもの

国際報道で気になることがあると、ＢＳの「世界のニュース」を見たり、インターネットで検索したりする。今年九月から十月にかけての、南米コロンビア報道はなかなかに興味深かった。五十年もの間続いた内戦に終止符を打ち、政府と武装ゲリラ組織との間に和平合意が成る直前の情勢が報道されていたからである。ゲリラ・キャンプが公開されて、各国の報道陣が入った。ゲリラ兵士の家族の訪問も許された。名もなきゲリラ兵士が「これからは銃を持たずに社会を変えたい」と語っていた。幅広い年齢層の女性の姿が、けっこう目立った。ＦＡＲＣ（コロンビア革命軍）には女性メンバーが

多いという報道が裏付けられた。「戦争が終わるのを前に、FARCがウッドストックを開催」というニュースでは、ゲリラ兵士が次々と野外ステージに立っては歌をうたい、さながらコンサート会場と化した。平和の到来を心から喜ぶ姿が、あちこちにあった。

キューバ革命の勝利に刺激を受けて一九六四年に結成されたFARCは、闘争が長引くにつれて初心を忘れ、麻薬の生産や密売で資金を稼いだりもしていた。彼らによる殺害、誘拐、強制移住の犠牲者は民間人にまで広がり、数も多かった。それでもなお、若いメンバーの加入が途絶えることがなかったのは、絶対的な貧困が社会を覆い、働く者の手に土地がなかったからである。九月二十六日に行なわれた和平合意文書への署名式で、ゲリラ指導者は「我々がもたらしたすべての痛みについてお詫びする」と語った。対するサントス大統領にしても、前政権の国防相として行なった苛烈なゲリラ壊滅作戦では事態が解決できなかったからこそ、大統領就任後の二〇一二年以降、キューバ政府の仲介を得ての和平交渉に臨んできたのだろう。

私が注目したのは、和平合意の内容である。FARCは政党として政治参加が認められ、二〇一八年から八年間、上・下院で各五議席が配分される。犯罪行為を認めた革命軍兵士の罪は軽減される（八年の勤労奉仕）。FARCの側でも、土地、牧場、麻薬密輸や誘拐・恐喝で得た資金の洗浄に利用した建設会社などすべての資産を、内戦の犠牲者への賠償基金として提供する。合意成立後一八〇日以内にすべての武器を国連監視団に引き渡す――などである。

中立的な立場からして、政府は大きくゲリラ側に譲歩したかに見える。ここに私は、政治家としてのサントス大統領の資質を見る。同国を長年苦しめてきた悲劇的な内戦を終結させるためには、この程度の「譲歩と妥協」が必要だと考えたのだろう。歴代政府とて、そしてそれを支える暴力装置としての国軍や警察とて、無実ではない――そう思えばこその妥協点がそこにあったのだろう。サントスはブルジョア政治家には違いないが、こういう態度こそが、あるべき「政治」の姿だと思える。

サントスは、政治家としての責任感から、人びとより「先」を見ていた。果たして、合意から一週間後に行われた国民投票で、和平合意は否決された。投票率は低く、僅差でもあったから、この結果が「民意」を正確に反映しているかどうかは微妙なところだ。だが、「ゲリラへの譲歩」に納得できないと考える被害者感情が国民投票では勝ったのだ。

教訓的である。アパルトヘイトを廃絶した南アフリカの一九九〇年代半ば、従来のように報復によってではなく、真実の究明→加害者の謝罪→犠牲者の赦し→そして和解へと至るという、画期的な政治・社会過程をたどる試みがなされた。南アフリカにおいても、加害者にあまりに「寛大な」方法だとの批判は絶えずあった。それでも、その後、かつて独裁・暴力支配などの辛い体験をしたさまざまな国・地域で、同じような取り組みがなされて、現在に至っている。コロンビアの人びとが、この重大な局面での試練に堪えて、和平のためのヨリよき道を見出すことを、心から願う。

日本社会も応用問題を抱えている。南北朝鮮との「和平合意」をいかに実現するかという形で。「慰安婦問題」や拉致問題の解決がいまだにできないのは、過去の捉え返しと、それに基づく対話がないからである。責任は相互的だが、「加害国」日本のそれがヨリ大きいことは自明のことだ。コロンビアの和平合意の過程と、その一時的挫折は、世界の他の抗争/紛争地域に深い示唆を与えてくれている。

『反天皇制運動 Alert』第五号(通巻八七号、二〇一六年十一月八日発行)掲載

フィデル・カストロの死に思うこと

一九七二年、ポーランド生まれのジャーナリスト、K・S・カロルの大著『カストロの道：ゲリラから権力へ』が、原著の刊行から二年遅れて翻訳・刊行された（読売新聞社）。七一年の著者の来日時には加筆もなされたから、訳書には当時の最新情報が盛り込まれた。カロルは、ヒトラーとスターリンによるポーランド分割を経てソ連市民とされ、シベリアの収容所へ送られた。そこを出てからは赤軍と共に対独戦を戦った。〈解放後〉は祖国ポーランドに戻った。もちろん、クレムリンによる全面的な支配下にあった。

一九五〇年、新聞特派員として滞在していたパリに定住し始めた。スターリン主義を徹底して批判しつつも、社会主義への信念は揺るがなかった。だからと言うべきか、「もう一つの社会主義の道」を歩むキューバや毛沢東の中国への深い関心をもった。今ならそのキューバ論と中国論に「時代的限界」を指摘することはできようが、あの時代の〈胎動〉の中にあって読むと、同時代の社会主義と第三世界主義が抱える諸課題を抉り出して深く、刺激的だった。カロルの結語は、今なお忘れがたい。「キューバは世界を引き裂いている危機や矛盾を、集中的に体現」したがゆえに「この島は一種の共鳴箱となり、現代世界において発生するいかに小さな動揺に対しても、またどれほど小さな悲劇に対してであろうとも、鋭敏に反応するようになった」。

本書の重要性は、カストロやゲバラなど当時の指導部の多くとの著者の対話が盛り込まれている点にある。カストロらはカロルを信頼し、本書でしか見られない発言を数多くしているのである。だが、原著の刊行後、カストロは「正気の沙汰とも思えぬほどの激しい怒り」をカロルに対して示した。カストロは「誉められることが好きな」人間なのだが、カロルは、カストロが「前衛の役割について貴族的な考え方」を持ち、「キューバに制度上の問題が存在することや、下部における民主主義が必要であることを、頑として認めない」などと断言したからだろうか。それもあるかもしれない。同時に、本書が、刺激に満ちた初期キューバ革命の「終わりの始まり」を象徴することになるかもしれない二つの出来事を鋭く指摘したせいもあるかもしれない。

ひとつは、一九六八年八月、「人間の顔をした社会主義」を求める新しい指導部がチェコスロヴァキアに登場して間もなく、ソ連軍およびワルシャワ条約軍がチェコに侵攻し、この新しい芽を摘んだ時に、カストロがこの侵攻を支持した事実である。侵攻は不幸で悲劇的な事態だが、この犯罪はヨリ大きな犯罪——すなわち、チェコが資本主義への道を歩んでいたこと——を阻むために必要なことだったとの「論理」をカストロは展開した。それは、一九五九年の革命以来の九年間、「超大国・米国の圧力の下にありながら、膝元でこれに徹底的に抵抗するキューバ」というイメージを壊した。

ふたつ目は、一九七一年、詩人エベルト・パディリャに対してなされた表現弾圧である。詩人の逮捕・勾留・尋問・公開の場での全面的な自己批判(そこには、「パリに亡命したポーランド人で、人生に失望した」カロルに、彼が望むような発言を自分がしてしまったことも含まれていた)の過程には、初期キューバ革命に見られた「表現」の多様性に対する〈おおらかさ〉がすっかり失せていた。どこを見ても、スターリン主義がひたひたと押し寄せていた。

フィデル・カストロは疑いもなく二十世紀の「偉人」の一人だが、教条主義的に彼を信奉する意見もあれば、「残忍な独裁者」としてすべてを否定し去る者もいる。キューバに生きる(生きた)人が後者のように言うのであれば、私はそれを否定する場にはいない（いることができない）。その意見を尊重しつつ、同時に客観的な場にわが身を置けば、キューバ革命論やカストロ論を、第二次大戦後の世界史の具体的な展開過程からかけ離れた観念的な遊戯のようには展開できない。それを潰そうとした米国、それを利用し尽くそうとしたソ連、その他もろもろの要素——の全体像の中で、その意義と限界を測定したい。

『反天皇制運動 Alert』第六号（通巻三八八号、二〇一六年十二月六日発行）掲載

何よりも肝要なことは「アジアとの和解」だ

二〇一二年に再登場して以降の安倍政権の官邸周辺には、よほどの知恵者がブレーンとしているように思える。世論なるものの気まぐれな動きを、蓄積された経験智に基づいて的確に察知でき、これに対処する方法に長け、同時にマスメディア対策もゆめゆめ怠ることなく、効果的に行ない得る複数の人物が……。このように言う場合、もちろん、働きかけられる「世論」と「メディア」の側にも、「自発的に隷従して」（エティエンヌ・ド・ラ・ボエシ）それを受け入れるという意味での、哀しい〈相互作用〉が生まれているのだという事実を大急ぎで付け加えておかなければならない。

二〇一六年十二月、ロシア大統領をわざわざ首相の地元の温泉に招いて会談するという宣伝がなされていた時期には、「北方諸島」の帰属問題で日本に有利な結果が生まれそうだとの観測がしきりに

なされた。例えば「二島返還」という具体的な形で。その「成果」の余勢を駆って、首相は年末あるいは年始の衆議院解散に踏み切るのでは、との予測すらなされていた。その前段において、この展望は甘かったという感触が得られてすぐ、日露首脳会談の展望をめぐる首相の口は、重くかつ慎重になった。間もなく、首相はロシア大統領との会談を終えた半月後の年末ギリギリにハワイの真珠湾を米国大統領ともども訪れるというニュースが大々的に報道された。官邸ブレーンは、「見事な」までの、首相スケジュール調整機能を発揮した。

世論とメディアは、首脳会談なるものにも弱い、あるいは、甘い。会談の無内容さは、世界の二大超大国、ロシアと米国の大統領と次々と渉り合っている「われらが宰相」――というパフォーマンス効果によって打ち消される。一六年五月の米国大統領の広島訪問を思い起こせばよい。主眼は、大統領が広島訪問の直前に行なった岩国の米軍海兵隊基地での兵士激励であり、その付け足しのように行なわれた、一時間にも満たない広島行きではなかった。せめても、岩国米軍基地と広島への訪問が「セット」で行なわれた事実の意味を問う報道や発言がもっと多くなされるべきだったが、それは極端に少なかった。にもかかわらず、大統領の広島訪問とあの空疎なメッセージは、大きな効果を発揮した。日本国首相にとっても。大統領が苦心して折った折り鶴を持参して原爆資料館に贈呈したなどという無意味な行為が、感傷的に報道されたりもした。八年間の任期中にこの大統領が、核廃絶のために行なった具体的な政策の質と総量が同時に検証報道されたなら、広島行きのパフォーマンスの偽善性が明らかになっただろう。この点に関しては、在日の米国詩人アーサー・ビナードも、峠三吉『原爆詩集』（岩波文庫、二〇一六年）に付された解説で的確に論じている。

一六年末、真珠湾を訪れた日本の首相も、「不戦の誓い」と「日米の和解の力」を強調する演説を行なった。これを大々的に報道した主要メディアの中には、訪問を一定評価しつつも、「アジアへの視点」の欠如を指摘するものもあった。だが、「不戦の誓い」は、この政権が続けている諸政策と沖縄への態度に照らせば、化けの皮がすぐに剝れる性質のものであり、「日米和解」に至っては、戦後日本の米国への「自発的隷従」が続けられたことで夙《つと》に実現しているというのが、冷めた一般的な見方であろう。したがって、後者の「アジアへの視点」の欠如こそが強調されなければならなかった。例えば、十二月八日（日本時間）真珠湾攻撃の一時間前には、日本陸軍がマレー半島への上陸作戦を開始していた、という史実への言及がなされるだけで、「日米戦争」という狭い枠組みは崩れ、短く見ても一九三一年の日本軍の中国侵略に始まるアジア・太平洋戦争の全体像に迫る視点が生まれるだろう。中国侵略戦争が行き詰まることで、日本はフランス、英国、オランダなどの植民地が居並ぶ東南アジアへの侵攻を国策の中心に据えていたのだから、真珠湾攻撃に先立って行なわれたマレー侵攻の意図は、明らかなのだ。アジアと向き合うことを、歴史的にも現在的にも無視する常習犯＝現日本国首相は、にもかかわらず「地球儀を俯瞰する外交」などとしたり顔で語っている。首相の真珠湾訪問と同じ日、韓国は釜山の日本総領事館前に「慰安婦」を象徴する少女像が設置されたことは（これには論ずべき多様な問題が孕まれているとはいえ）、日本がもっとも肝要な「アジアとの和解」を実現できていないことを示している。この事実を改めて心に刻んで、一年を送りたい。

『反天皇制運動 Alert』第七号（通巻三八九号、二〇一七年一月十日発行）掲載

トランプ政権下の米国の「階級闘争」の行方

就任式から二週間、米国新大統領トランプが繰り出す矢継ぎ早の新たな政策路線に、世界じゅうの関心が集中している。この超大国の、経済・軍事・外交政策がどう展開されるかによって、世界の各地域は確かに大きな影響を受けざるを得ない側面を持つのだから、関心と賛否の論議が集中するのは、必然的とも言える。個人的には私は（とりわけ）米日首脳がまき散らす言葉に一喜一憂することなく自らがなすべきことを日々こなしていきたいと思う者だが、それでも一定の注意は払わざるを得ない。

トランプは、米国の外に工場が流出したことで「取り残された米国人労働者」や「貧困の中に閉じ込められた母子たち」とは対照的に、ひとり栄えるものの象徴として「首都＝ワシントン」を挙げた。そこに巣食う小さなエリート集団のみが政府からの恩恵にあずかっているとし、それを「既得権層」と呼んだ。就任演説を貫くトーンから判断するなら、現代資本主義の権化たる「不動産王」＝トランプは、まるで、労働者階級のために身を粉にして働くと言っているかのようである。叩き上げの「新興成金」が、伝統的な支配構造に一矢を報いているかに見えるからこそ、この状況が生まれているという側面を念頭におかなければならないと思える。

具体的な政策をみてみよう。米国労働者第一主義（ファースト）の立場からすると、労働力コストなどが廉価であることからメキシコに製造業の生産拠点を奪われ、国内雇用を激減させる要因となった北米自由貿易協定（ＮＡＦＴＡ、スペイン語略称ＴＬＣ）も、トランプにとっては攻撃の的となる。協定相手国であるメキシコとカナダとの間での、離脱のための再交渉の日程も上がっている。思い起こしてもみよう。メキシコ南東部の先住民族解放組織＝サパティスタ民族解放軍は、この協定は三国間の関税障壁をなくすことで、大規模集約農業で生産される米国産の農作物にメキシコ市場が席捲され、耕すべき土地も外資の意のままに切り売りされると主張して、その発効に抵抗・抗議する武装蜂起を、一九九四年一月一日に行なった。発効後十五年目の二〇〇八年には三国間の関税が全面的に撤廃され、予想通りにメキシコ市場には米国産農産物が押し寄せ、メキシコ農業は荒廃し、農で生きる手立てを失った農民は、仕事があり得る首都メキシコ市へ、そこでもだめならリオ・グランデ河を越えて、米国へと「流れゆく」ほかはなくなった。

グローバリズムを批判し、これに反対するという意味では、トランプとサパティスタは、奇妙にも、一致点を持つかに見える。だが、子細に見るなら、他国の民衆をねじ伏せる経済力を持つ米国の利益第一主義を掲げるトランプと、一般的にいって多国籍企業の利益に基づいてこそ自由貿易協定の推進が企図され、それは経済的な弱小国に大きな不利益をもたらすという、事態の本質に注目したサパティスタとは、立脚点が根本的に異なっていると言わなければならない。

トランプの反グローバリズムの主張を色濃く彩る排外主義的本質は、メキシコとの国境線をすべて壁で塞ぐという方針にも如実に表われている。総距離三、一五〇キロ、うち一、〇五〇キロにはすでにフェンスがつくられている。一、〇〇〇万人を超えるというメキシコからの「不法」移民に「米国人労働者の職が奪われて」おり、彼らは「犯罪者」や「麻薬密売人」だから国境を閉鎖して「不法」侵入を防ぐというトランプの方針は、米国白人が持つ排外主義的な感情を巧みにくすぐっている。今はご都合主義的にも反グローバリズムの立場に立つとはいえ、資本制社会の申し子というべきトランプは、米社会に麻薬の最大需要があるからこそ供給がなされているという「市場原理」を忘却して、メキシコにすべての罪をなすりつけようとしている。

歴史的経緯や論理を無視して「アメリカ・ファースト」という感情に基づく発想でよしとするトランプは、今後も「一〇〇日行動計画」を次々と打ち出してくるだろう。「予測が不能な」その路線如何では、世界は〈自滅〉の崖っぷちを歩むことになるのかもしれぬ。私は、米国の外交路線は「トランプ以前」とて決してよいものではなかったという立場から、新旧支配層の対立・矛盾が深まるであろう米国の「階級闘争」の行方を注視したい。

『反天皇制運動 Alert』第八号(通巻三九〇号、二〇一七年二月七日発行)掲載

スキャンダルの背後で進行する事態に目を凝らす

「ことばが壊れた」とか、「崩れゆくことば」などという表現を私が使ったのは、二十一世紀に入って間もないころだった。世界的には、「9・11」に続く「反テロ戦争」の正当化を図る米国政府の言動の支離滅裂さと、にも拘わらず各国政府や主要メディアがこれに追随する状況が念頭にあった。国内的にはいわゆる「小泉語」の問題があった。首相に就任した小泉純一郎が従来の保守政治家とまったく異質の断定口調の〈爽快さ〉によって支持率を上げてゆく事態が進行していた。論理に基づく説明はいっさいなく、その意味では支離滅裂さの極みというべきものが「小泉語」の本質には、あった。

それから十数年が経った。今や、政治の世界では「ポスト真実」などということばが大手を振っ

て罷り通っている。「事実に基づかない政治」「政策路線や客観的な事実より個人的な感情に根差した政治家の物言いが重視され、それによって世論が形成される」時代を指しているのだという。「小泉語」はその典型ではないか、私たちはすでにそんな時代を体験してきたのだ、と言っておきたい思いがする。世界的に見て、この状況が加速されたのではあろう。インターネット上に「贋情報」や「贋ニュース」が蔓延し、それがひとつの「世論」を形成する場合もある現代の〈病〉が浮かび上がってくる用語である。

この状況をもっとも象徴的に代表し得る為政者として、世界に先駆けて二国間会談を行なった米日両国首脳を挙げることができよう。彼方米国では、さらに、「オルタナ・ファクト（もうひとつの事実）」なることばすら使われている。誰の目から見ても明らかな嘘を言い、それを指摘されると、「嘘じゃない、オルタナ・ファクトだ」と強弁するのである。裸の「王」ひとりが言うのではなく周りの者たちも直ちに唱和していく点に、〈政治〉の世界の恐ろしさが見られる。

だが、スキャンダラスなこの種の話題にのみ集中して、米国で進行する新旧支配層の闘争を見逃すわけにはいかない。二月下旬、米国と北朝鮮は、中国の協力を得て、核問題をめぐる非公式会談を行なう準備を進めていた。北朝鮮のミサイル発射、金正男殺害事件（その真相はまだ不明だ）によっても、会談のための準備は中絶されなかった。だが、最終段階で、米国は朝鮮代表団へのビザ発給を見送った。米朝対話から和平へと進むことを快く思わない軍産複合体が米国には存在する。政権内部の抗争があったのだろう。トランプ「人気」は、既存秩序の象徴たるオバマやヒラリー・クリントン（それらを支える軍産複合体も含まれている）と対決しているかに見える点にある。水面下で進行する両者のせめぎ合いにこそ注目すべきだと思う。権力政治家は、スキャンダルの一つや二つで消え去りゆくほどやわな者ではないことは、長年心ならずも自民党政治を見てきた私たちには自明のことだ。

さて、此方にも、米朝対話の挫折を喜ぶ者たちがいる。安倍政権が現在の対米軍協力強化・軍拡・武器輸出推進などの路線を追求するためには、北朝鮮とは恒久的に対立していることが望ましい。事実、対立関係が見た目に高まれば高まるほどに、時の政権の支持率も増す。「拉致問題の解決こそ自らの使命だ」と高言してきた安倍が、被害者家族会がようやくにして苛立ちを示すほどにその努力を怠ってきたことには、彼なりの理由がある。

その安倍も、いま、森友学園をめぐるスキャンダルに見舞われている。政治家と官僚、さらには日本会議に巣食う連中の本質が透けて見えてくる「醜聞」ではある。国有地売買の背景には、民主党鳩山政権から菅政権への移行期に財務省官僚が立案した『「新成長戦略」における国有財産の有効活用』(二〇一〇年六月十八日、財務省)と『新成長戦略~「元気な日本」復活のシナリオ~』(同日、閣議決定)がある。新自由主義的な価値観に貫かれたこの官僚路線は、反官僚の姿勢をむき出しにした民主党政権の「失敗」を経て、二〇一二年に第二次安倍政権が復活した段階で、利害の合致する政治家を見出したというべきだろう。この問題からは、どこから見ても、現代日本をまるごと象徴する腐臭が漂う。徹底した追及がなされるべきだが、同時に、私は思う。秘密保護法、戦争法案、南スーダンへの自衛隊の派兵などの政治路線における攻防で「勝利」できなかった私たちの現実を忘れまい、と。誰であろうとスキャンダルによる「窮地」や「失墜」は、いわばオウンゴールだ。そこで、私たちの力が、本質的に、増すわけではない。

『反天皇制運動 Alert』第九号(通巻三九一号、二〇一七年三月七日発行)掲載

現政権支持率の「高さ」の背景に、何があるのか

私としたことが、少なからず驚いた。三月末に行なわれた世論調査の結果に対して、である。ふだんから、その結果に大幅に依拠した発言は控えてはいる。設問の仕方が明快ではなく、信頼に足る調査結果が果たして生まれるものなのか、との疑念が消えないからである。だが、例えば、内閣支持率の場合には、ある程度の「現実」がそこには反映されていて、時の政権も「二〇％を割ったら、もたない」などといってその数字を気にかけていることが、過去の事例からわかる。

現政権の支持率の「高さ」は、私の〈狭い〉人間関係の中での周辺を思えば不可思議で、同時に、後述するこの四半世紀の社会・政治状況を思えば、心ならずも得心が行くところはあった。しかし、今回は違うだろう。去る三月二十三日、いわゆる森友学園問題をめぐって、衆参両院の予算委員会で籠池学園理事長の証人喚問が行なわれたが、そこで発せられた証言を見聞きした直後の世論調査では、いくらなんでも、内閣支持率は急激に落ちるだろう。確かに「敵失」によってではあっても、この最悪の首相を早晩辞任に追い込む一里塚になるかもしれない——そんな思いが、ないではなかった。

もちろん事が終わったわけではなく継続中だから諦めるわけではないとしても、その段階での私の見立ては間違った。甘い読みだった。共同通信が、籠池証言の二日後に行なった世論調査での内閣支持率は確かに下がったが、それでもなお五〇％前後を維持している。森友学園問題についての首相の答弁が十分ではないと考えている人びとの率が七〇〜八〇％であっても、内閣支持率になると「復

調」するのだ。一昨年の戦争法案の時も同じだった。この政権に限っては、なぜ、このような現象が起こるのだろう？　その人格・識見において「敵ながらあっぱれ」と思わせるどころか、歴代の保守政治家と並べてみても劣悪極まりない人物なのに。

世代交代によって自民党が変質したとか、民主党政権「失敗」の印象が強く代わり得る受け皿がないなどの意見を筆頭として、さまざまな見解が飛びかっている。それぞれ一理はあろうが、ここでは改めて、自分たちの足元に戻りたい。私たちが、戦後民主主義者であれ、リベラルであれ、左翼であれ、社会の在り方を変革しようとする、総体としての「私たち」の敗北状況のゆえにこそ「現在」があるのだという事実を嚙み締めるために。

現首相の支持母体であり、森友学園問題の背後に見え隠れする「日本会議」についてこのかん刊行された複数の書物を読むと、彼らは周到な準備期間を経て、自らの潮流をこの社会の中に根づかせてきたことが知れる。結成されたのは一九九七年だが、これが胎動し始めた決定的な起点は、それを遡ること六〜七年目の一九九〇年前後だと振り返ることができよう。一九八九年から一九九一年にかけて、東欧・ソ連の社会主義圏一党独裁体制が次々と崩壊した。実感をもって思い起こすことができるが、あの時代、公然とあるいは暗黙の裡に、左翼からの転向現象が相次いだ。書店の棚からはマルクス主義の書物が、大学からはマルクス経済学の講座が消えた。ソ連圏の実態については、はるか以前から数多くの批判が、外部および内部から積み重ねられてきていたが、共産党が独占してきた非公開文書の流出によって、社会主義の悲惨な内実がいっそう明らかになった。「ナチズムは断罪されるのに、なぜ共産主義はされないのか」——この言葉が、端的に、時代状況を言い表していた。共産主義が掲げていた「理想主義」も「夢」も地に堕ちた。「反左翼」が「時代の潮流」となった。日本会議は、この「時を摑んだ」のだ。

この時期の東アジアの状況は特異だ。韓国では軍事独裁体制が倒れ、言論の自由を獲得した人びとの声が溢れ出たが、その一つは、日本帝国のかつての植民地支配が遺したままの傷跡を告発することに向かった。北朝鮮と中国からも、日本の植民地主義と侵略戦争をめぐる告発が次々と発せられた。これこそ、歴史修正主義潮流である日本会議の路線に真っ向から対立するものだった。日本ナショナリストたちの反応は捻じれたものとなった。「いつまで過去のことを言い募るのか」「左翼が負けたと思ったら、今度は植民地問題か」――この「気分」は、状況的にいって社会に広く浸透していた。「難癖をつける」隣国に負けるな、強く当たれ！　それを政治面で表象するのが安倍晋三である。

安倍の時代は早晩終わるにしても、社会にはこの「気分」が根づいたままだ。いったん根を張ってしまったこれとのたたかいが現在進行中であり、今後も長く続くのだ。


『反天皇制運動　Alert』第一〇号（通巻三九二号、二〇一七年四月四日発行）掲載

韓国大統領選挙を背景にした東アジアの情勢について

選挙は水物だ。下手に結果を予測しても、それが覆される可能性は常にある。しかし、現在の韓国大統領選挙の状況を複数のメディア報道を通してみる限り、「共に民主党」の文在寅の優位は動かないように思える。対立候補から「親北左派」とレッテル貼りされている文在寅が大統領になれば、現

在の東アジアの政治状況は「劇的に」とまでは言わないが、ゆっくりとした変化を遂げていく可能性がある。朝鮮をめぐる日米中露首脳の言動が相次いで行なわれているいま、その文脈の中に「可能性としての文在寅大統領」の位置を定めてみる作業には、（慎重にも付言するなら、万一それが実現しなかった場合にも、東アジアの政治状況に関わる思考訓練として）何かしらの意味があるだろう。

文在寅は、盧武鉉大統領の側近として太陽政策を推進した経験をもつ。具体化したのは金剛山観光、開城工業団地、京義線と東海線の鉄道・道路連結、離散家族再会などの事業であった。それは、「無謀極まりない北」への融和策として、対立者からの厳しい批判にさらされてきた。あらためて大統領候補として名乗りを上げた文在寅は、ヨリ「現実的」になって、韓国軍の軍事力の強化を図ること、つまり、朝鮮国に対して軍事的に厳しく対峙する姿勢を堅持している。注目すべきは、それが、対米従属からの一定の離脱志向を伴っているということである。一九五〇年代の朝鮮戦争以来、韓国軍の指揮は在韓米軍が掌握してきた。平時の指揮権こそ一九九四年に韓国政府に委譲されたものの、二〇一二年に予定されていた有事の指揮権移譲は何度も延期されたまま、現在に至っている。

文在寅は、大統領に就任したならば早急に有事指揮権の韓国政府への委譲を実現すると表明した。それは対米交渉を伴うだろうが、「アメリカ・ファースト」を掲げるトランプには、世界のどこにあっても米国が軍事的・政治的・経済的に君臨し続けることへの執着がない。韓国の軍事力の強化を代償として、在韓米軍の撤収への道が開かれる可能性が生まれる。それは、朝鮮国指導部が要求しているることと重なってくる。

朝鮮国・韓国の両国間では激烈な言葉が飛び交っている。とりわけ、朝鮮国からは、あの強固な独裁体制下での下部の人びとの「忠誠心競争」の表われであろう、ヨリ激しい言葉を競い合うような表現が繰り出されている。それでも、底流では、戦火勃発に至らせないための、「国家の面子」を賭けた駆け引きが行なわれていると見るべきだろう。

朝鮮半島をめぐって同時的に進行しているいくつかの事態も整理してみよう。四月二十七日に行なわれたプーチン+安倍晋三会談において、前者は「少しでも早く六者協議を再開させることだ」と強調した。後者は記者会見で「さらなる挑発行為を自制するよう（北に）働きかけていくことで一致した」ことに重点をおいて、語った。

四月二十九日、朝鮮は弾道ミサイルの発射実験を行なったが、失敗したと伝えられた。ロンドンにいた安倍首相は「対話のための対話は何の解決にもつながらない」、「挑発行動を繰り返し、非核化に向けた真摯な意思や具体的な行動を全く示していない現状に鑑みれば、（六者協議を）直ちに再開できる状況にない」と断言した。

四月三十日、トランプは「若くして父親を亡くし権力を引き継いだ金正恩委員長は、かなりタフな相手とやり取りしながら、やってのけた。頭の切れる人物に違いない」と語った。翌五月一日にも「適切な条件の下でなら、金委員長に会う。名誉なことだ」とまで言った。

五月三日付けの「夕刊フジ」ゴールデンウィーク特別号に載った首相インタビュー記事での発言は次のようなものだ。「トランプの北朝鮮への覚悟は本物か」と問われて「間違いない。すべての選択肢がテーブルの上にあることを言葉と行動で示すトランプ大統領の姿勢を高く評価する」。「軍事的対応もテーブルの上にあるか」との問いには「まさにすべての選択肢がテーブルの上にある。高度な警戒・監視行動を維持する」と答えている。その「成果」がミサイル発射時の東京メトロの一時運行停止や、内閣官房ポータルサイトに「核爆発時の対応の仕方」を注意事項として掲げることなのだろう。

これ以上わたしの言葉を詳しく重ねる必要はないだろう。当事国も超大国も、駆け引きはあっても、朝鮮半島の和平に向けて「暴発」や「偶発的衝突」を回避するための姿勢を一定は示している。その中にあって、平和に向けての姿勢をいっさい示さず、むしろ緊張を煽りたてているのは、二〇二〇年の改憲を公言した日本国首相ひとりである。

『反天皇制運動 Alert』第一一号（通巻三九三号、二〇一七年五月九日発行）掲載

ＰＫＯ法成立から二十五年目の機会に

一九九二年六月、ＰＫＯ（国連平和維持作戦）法案が成立した。今から、ちょうど、二十五年前のことである。法案審議が大詰めを迎えた攻防の日々には、ほぼ連日、国会の議員面会所なるところへみんなで出かけていた。野党議員の報告を聞き、「激励」するのである。私は、ソ連の体制崩壊と同時期に進行したペルシャ湾岸戦争（一九九〇〜九一年）の過程でこの社会に台頭した「国際貢献論」（クウェートに軍事侵攻したイラクの独裁者フセインに対して、世界が挙げて戦おうとしている時に、この地域で産出する石油への依存度が高い日本が憲法九条に縛られて軍事的に国際貢献ができないのはおかしい、とする考え方）を批判的に検討しながら、戦後期は新しい時期に入りつつあると実感した。「反戦・平和」の意識を強固にもつ人は少数派になった、と思わざるを得なかったのである。

自衛隊の「海外派兵」の時代を迎えて、これを監視し、包囲するメディアとして『派兵チェック』

が創刊されたのは一九九二年十月だった（二〇〇九年十二月、二〇〇号目が終刊号となった）。このかん実施されたPKOへの自衛隊の参加実態は以下の通りである。

カンボジア（九二年九月〜九三年九月）
モザンビーク（九三年五月〜九五年一月）
ゴラン高原（九六年二月〜一三年一月）
東ティモール（〇二年三月〜〇四年六月）
ネパール（〇七年三月〜一一年一月）
スーダン（〇八年十月〜一一年九月）
ハイチ（一〇年二月〜一三年二月）
東ティモール（一〇年九月〜一二年九月）
南スーダン（一二年一月〜一七年五月）

去る五月二十七日、南スーダンに派遣されていた陸自施設部隊第一一次隊四〇人が帰国した。国連南スーダン派遣団司令部への派遣は来年二月末まで続けられるが、部隊派遣は現状ではゼロとなった。当初は、自衛隊が軍事紛争に関与することなく「中立性」を保つための五原則が定められた。「紛争当事者間の停戦合意、紛争当事者のPKO受け入れ同意、中立性の維持、上記の減速が満たされない場合の撤収、武器の使用は必要最小限度」である。前記年表からわかるように、南スーダン派兵が開始されたのは、民主党・野田政権時代である。民主党も海外派兵の流れに乗るだけだという政治状況を示しているのだが、当時はまだしも、道路建設などに従事し、紛争当事者間の停戦合意が成立した治安情勢が安定している国であることが、派兵の前提になっていた。だが、まもなく、安倍晋三が政権に復帰した。二〇一五年九月に制定された安保法制＝戦争法によって、自衛隊は任務遂行のためには武器使用が可能となって、「交戦主体」へと変貌した。

陸自の「日報隠し」にもかかわらず、南スーダン派遣部隊の任地＝ジュバでは、二〇一六年七月、「対戦車ヘリが旋回」したり、「一五〇人の死者が発生」したりする事態が生まれていた。この時の状況を詳しく検証したNHKスペシャル「変貌するPKO　現場からの報告」（五月二十八日放映）によれば、次のことがわかっている。（1）政府軍と反政府勢力との銃撃戦は自衛隊宿営地を挟んで行なわれた。砲撃の衝撃波で自衛隊員はパニックに陥り、「今日が私の命日になるかもしれない」と手帳に記した者もいた。（2）近くの宿営地のルワンダ軍は銃撃戦からの避難民を受け入れた。政府軍はそこを砲撃し、バングラデシュ軍が応戦した。避難民は自衛隊宿営地にも流れ込み、警備隊員には「身を守るために必要なら撃て」との指示が下されていた。帰国した派遣隊員の言葉を通して、「宿営地内のコンテナ型シェルターに何度も避難した」こと、「平穏になっても一ヵ月以上も宿営地外で活動しなかった」ことがわかる。

安倍政権は、南スーダン派遣部隊が「現地の住民生活の向上」に寄与した、とその成果を誇っている。だが、昨年十一月、南スーダン自衛隊部隊は、戦争法に基づいて、「宿営地の共同防衛」や「駆け付け警護」（救助のために武器をもって現場に駆け付ける）任務を付与されていた。これが実際には行なわれなかったことは、上に見た状況からいって、「不幸中の幸い」でしかなかった。

「反戦・平和」派が一見して少数派になっているとしても、軍隊（国軍）の存在と戦争（国家テロ）の発動に馴致されないこと——そこを揺るぎない場所に定めたい。

『反天皇制運動 Alert』第一二号（通巻三九四号、二〇一七年六月十三日発行）掲載

「現在は二〇年前の過去の裡にある」「過去は現在と重なっている」

今からちょうど二十年前の一九九七年十二月、一冊の「歴史書」が刊行された。『歴史教科書への疑問』という（展転社）。編者は「日本の前途と歴史教育を考える若手議員の会」と名乗った。煩を厭わず、目次を掲げておきたい。

はじめに（中川昭一）
1 検定教科書の現状と問題点（高橋史朗、遠藤昭雄、高塩至）
2 教科書作成の問題点と採択の現状について（高塩至、丁子淳、漆原利男、長谷川潤）
3 いわゆる従軍慰安婦問題とその経緯（平林博、虎島和夫、武部勤、西岡力、東良信）
4 「慰安婦記述」をめぐって（吉見義明、藤岡信勝）
5 日韓両国にとっての真のパートナー・シップとは何か（呉善花）
6 河野官房長官談話に至る背景（石原信雄）
7 歴史教科書はいかに書かれるべきか（坂本多加雄）
8 我が国の戦後処理と慰安婦問題（鶴岡公二）
9 なぜ「官房長官談話」を発表したか（河野洋平）

当時わたしは『派兵チェック』誌に「チョー右派言論を読む」という連載をもっていて、『正論』

（産経新聞社）や『諸君！』（文藝春秋）などの月刊誌を「愛読」していた。当時から見て一昔前なら、泡沫的な極右言論が集う場であったそれらの雑誌は、記述の中身をますます劣化させながら、にもかかわらず社会の前面に躍り出てくる感じがあった。「劣化ぶり」とは、まっとうな歴史的検証に堪えられず、論理としても倫理としても明らかに破綻した文章が「堂々と」掲載されているという意味である。右翼言論のあまりの劣化ぶりを「慨嘆」しながら、それでいてかつてない勢力を誇示しながらそれが露出しつつあることの「不気味さ」を、天野恵一と語り合った記憶が蘇る。この「歴史書」の執筆者には、それらの雑誌で馴染みの名も散見されるとはいえ、そうでもない名も多かった。右派言論界の「厚み」を感じたものである。

「若手議員の会」なるものの発足の経緯にも触れておこう。これは「一九九七年二月二十七日、中学校歴史教科書に従軍慰安婦の記述が載ることに疑問をもつ戦後世代を中心とした若手議員が集まり、日本の前途について考え、かつ、健全な青少年育成のため、歴史教育のあり方について真剣に研究・検討すると共に国民的議論を起こし、行動することを目的として設立」された。一九九七年に先立つ前史を振り返れば、彼らがもった「危機意識」が「理解」できる。以下、年表風に記述してみる。

一九九一年　元日本軍「慰安婦」金学順さん、その被害に関して日本政府を提訴。
一九九二年　全社の小学校教科書に「南京大虐殺」が記述される。／訪韓した宮澤首相、「慰安婦」問題でお詫びと反省。
一九九三年　河野洋平官房長官談話、「慰安婦」問題での強制性を認め、謝罪。／細川護熙首相「先の戦争は侵略戦争」と発言。
一九九四年　全社の高校日本史教科書に「従軍慰安婦」が記述される。

一九九五年　村山富市首相、侵略と植民地支配を謝罪する戦後五〇年談話発表。

これが、一九九〇年代前半の一連の動きだが、これに危機感をもった「若手議員の会」の役員構成は次のようなものだった。代表＝中川昭一／座長＝白見庄三郎／幹事長＝衛藤晟一／事務局長＝安倍晋三。そして、衆議院議員八四名、参議院議員二三名で発足した。中川と安倍は自他ともに許す「盟友」だったが、両者の動きは二〇〇一年一月に顕著なものとなった。NHKの「戦争をどう裁くか」第二回「問われる戦時性暴力」の内容を、なぜか事前に知った中川・安倍の両議員がNHK幹部に圧力をかけて番組内容を改変させたからである。NHK側の当事者であった永田浩三の『NHK、鉄の沈黙はだれのために』（柏書房、二〇一〇年）などを読むと、NHK幹部は『歴史教科書への疑問』をかざしながら、この連中が圧力をかけてきているといいながら右往左往していた様子が描かれている。

一九九七年には、日本会議と「『北朝鮮による拉致』被害者家族連絡会」が結成されている。振り返ってみて、この年が、日本社会の「現在」を作る原点的な意味を持つことが知れよう。最後に、「若手議員の会」の役員以外の主なメンバーを一瞥しておこう。下村博文、菅義偉、高市早苗、中山成彬、平沢勝栄、森田健作、八代英太などの名前が見える。森田は、もちろん、現千葉県知事である。何よりも冒頭のふたりの名前に注目すれば、「現在は二〇年前の過去の裡にあり」「過去は現在と重なっている」ことがわかる。

『反天皇制運動 Alert』第一三号（通巻三九五号、二〇一七年七月六日発行）掲載

「一帯一路」構想と「世界古代文明フォーラム」

去る五月、北京で「一帯一路国際協力サミットフォーラム」が開催された。およそ一三〇ヵ国の政府代表団が出席する大規模な国際会議だった。元来は、中国の習近平総書記が二〇一三年に行なったふたつの演説で（カザフスタンのナザルバエフ大学とインドネシア議会）明らかにした構想の延長上で開かれた国際会議である。この構想で目論見られている世界地図は、当時の新聞でたびたび報道されて、私も注目していた。南北の中央部には、中国大陸がどっしりと構えている。その北に広がる「シルクロード経済ベルト」（＝一帯）は、中国西部から中央アジアを経由してヨーロッパに至るが、シベリアを含めた広大なロシアの全領土を覆い尽くしている。南に位置する「二十一世紀海上シルクロード」（＝一路）は、中国沿岸部から東南アジア、インド亜大陸、アラビア半島を経て、アフリカ東海岸部へと至るものである。このふたつの地域で、インフラストラクチャー整備、貿易および資金の往来を促進しようとする計画である。習近平は、ふたつの演説地を周到に選んだと言うべきだろう。

ここに描かれる世界地図では、何事につけても口出しをする欧米諸国の影は薄い。だが、ＥＵは「一帯一路」構想の支持を表明しており、日米両国も北京会議には閣僚級の代表団を派遣した。いずれも、構想が「オープンかつ公正、透明に」実施されるなら、積極的に協力する意思を表明している。

中国が交通インフラ整備の要としているのは高速鉄道網の建設だという。日本の新幹線の派生技術として始まった中国の高速鉄道は、国産技術の水準を急速に高め、自信をつけている。このことをひとつ取ってみても、「一帯一路」事業が孕み得る経済的な可能性（利潤の獲得、とはっきり言っておこう）を思えば、どの国の経済界もこれに参画することを欲して政府に働きかけたであろうことは疑うべくもない。

歴史論・文明論としての魅力は備えているかに見える「一帯一路」構想は、経済合理性に基づいて実施されるしかないから、世界各地の「近代化」が歴史に刻んだ負性を帯びざるを得ない。各国を支配するのが、強権政治を事も無げに行なう連中である限り（東アジアだけを見ても、中国・朝鮮・日本を例に挙げればわかる。新政権が誕生したばかりの韓国は、その行方を今しばらく見守るとしても）、「政経分離」による協力体制がもたらす未来像は、決して明るくはない。経済発展のために常に「フロンティア（辺境）」を必要としている資本主義体制にとって、今後二度とないビッグ・チャンスとすら言えよう。広大な各地に住まう「辺境の民」を蹴散らし、それはまさに、「真昼である。特別急行列車は満員のまま全速力で馳けてゐた。沿線の小駅は石のやうに黙殺された。」（横光利一）といった態をなすだろう。

もうひとつ、去る四月に、中国が主導し、ギリシャと語らってアテネで開催した閣僚級の国際会議にも注目したい。「世界古代文明フォーラム」である。参加国は、上記の両国に加えて、エジプト、イラン、イラク、イタリア、インド、メキシコ、ペルー、ボリビアの計一〇ヵ国である。古典的な「世界四大文明圏」に、五世紀有余前に世界史に「登場」した南北アメリカ大陸の、アステカ、マヤ、インカの古代文明圏を組み入れた国際会議であることが、見てとれる。描かれる世界地図からは、ここでも、従来はあまり見たこともない世界史像が浮かび上がってきて、その魅力がないではない。たかだか二五〇年足らずの歴史をしか刻んでいない米国は、姿・形も見えない。ギリシャとイタリアを除くヨーロッパ諸地域も、古代にあっては「辺境」の地であったから、同じことだ。

発表されたアテネ宣言によれば　排外主義やテロなど不寛容な精神の広がりを防ぐために文明間の対話を進め、歴史の知恵を生かすことを唱っている。異論は、ない。だが、「世界古代文明フォーラム」にも、私は疑念をもつ。古代史研究は、自民族の文化と国家の起源を、「ヨリ古く」「ヨリ大きい」ものにすることに価値を置く方向ではたらくことがある。それが高じれば、異なる文明間に、「発展段階」による優劣をつける歴史観に流されてゆく。

習近平が次々と繰り出す外交方針は、人目を惹く。魅力もある。だが、「中華」の悠久の歴史を思う存分活用しようとするその方針には、検証と批判が不可欠だろう。

『反天皇制運動 Alert』第一四号（通巻三九六号、二〇一七年八月八日発行）掲載

過去・現在の世界的な文脈の中に東アジア危機を置く

米韓及び日米合同軍事演習と朝鮮国の核・ミサイル開発をめぐって、朝鮮と米国の政治指導者間で激烈な言葉が飛び交っている。日本の首相や官房長官も、緊張状態を煽るような硬直した言葉のみを発している。

いくつもの過去と現在の事例が頭を過ぎる。一九六二年十月、キューバに配備されたソ連のミサイル基地をめぐって、米ソ関係が緊張した。若かった私も、新聞を読みながら、核戦争の「現実性」に恐れ戦いた。その時点での妥協は成ったが、それから三十年近く経ったころ、米・ソ（のちに露）・

キューバの当事者が一堂に会し、当時の問題点を互いに検証し合った。モスクワ再検討会議（一九八九年）、ハバナ再検討会議（一九九二年、二〇〇二年）である。二度に及ぶハバナ会議には、フィデル・カストロも出席している。当時の米国防長官マクナマラも、三度の会議すべてに出席した。二度目のハバナ会議の時はすでに「反テロ戦争」の真っただ中であり、ブッシュ大統領が主張していたイラクへの先制攻撃論をマクナマラが批判していたことは、思い起こすに値しよう。カストロも「ソ連のミサイル配備の過ち」を認めた。キューバ・ミサイル危機では、「敵」の出方を誤読して、まさに核戦争寸前の事態にまで立ち至っていたことが明らかになった。それが回避されたのは、僥倖に近い偶然の賜物だった。

マクナマラは、ベトナム戦争の一時期の国防長官でもあって、彼は後年のベトナムとの、ベトナム戦争検証会議にも出席している。そこでも彼は、米国の政策の過ちに言及している（『マクナマラ回顧録――ベトナムの悲劇と教訓』共同通信社、一九九七年）。対キューバ政策にせよ、ベトナム戦争にせよ、あれほどの大きな過ちだったのだから、「現役」の時にそれと気づけばよかったものを、そうはいかないらしい。「目覚め」はいつも遅れてやってくるもののようだ。

それにしても、人類の歴史を顧みると、同じ過ちを性懲りもなく繰り返している事実に嫌気がさすが、この種の「検証会議」はその中にあってか細い希望の証しのように思える。かつては真っ向から敵対していた者同士が、「時の経過」に助けられて一堂に会し、過ぎ去った危機の時代を検証し合うからである。そこからは、次代のための貴重な知恵が湧き出ている。それを生かすも殺すも、その証言を知り得ている時代を生きる者の責任だ。

南米コロンビアの現在進行中の例も挙げよう。キューバ革命に刺激を受けて一九六〇年代初頭から武装闘争を続けていたＦＡＲＣ（コロンビア革命軍）が、昨年実現した政府との和平合意に基づいて武器を捨て、合法政党に移行した。略称はＦＡＲＣのままだが、「人民革命代替勢力」と名を変えた。同党は自動的に、議会に一〇の議席を得た。彼らが初心を失い、後年は麻薬取引や無暗な暴力行為に走っていたことを思えば、この「妥協的」な条件には驚く。政治風土も違うのだろうが、困難な事態を解決するための、関係者の決然たる意志が感じられる。五十年以上に及んだ内戦の経緯を思えば、この「和解・合意」の在り方が示唆するところは深い。朝鮮危機が報じられた九月一日の朝日新聞には「戦争は対話で解決できる／ポピュリズムは差別生む」と題されたコロンビアのサントス大統領との会見記が載っている。「ゲリラに譲歩し過ぎだ」との世論の批判を押し切ったブルジョワ政治家・サントスの思いは強靱だ。「双方の意志で対話し、明確な目標を持てば、武力紛争や戦争は終わらせることができる」。内戦で苦しんだ地方の人びとの多くが和平に賛成し、内戦の被害が少なかった都市部の住民が和平に否定的だったという文言にも頷く。当事者性が希薄な人が、妥協なき強硬路線を主張して、事態をいっそう紛糾させてしまうということは、人間社会にありふれた現象だからだ。

さて、以上の振り返りはすべて、今日の東アジア危機を乗り越えるための参照項として行なってきた。導くべき答は明快なのだが、惜しむらくは、朝鮮を見ても、米国を見ても、日本を見ても、政治・外交を司る者たちの思想と言動の愚かさを思えば、事態は予断を許さない。こんな者たちに政治を委ねてしまっている私たちは、渦中の「検証会議」を想像力で行なって、この状況下で「当事者」として行なうべき言動の質を見極めなければならぬ。

『反天皇制運動連 Alert』第一五号（通巻三九七号、二〇一七年九月十二日発行）掲載

「一日だけの主権者」と「日常生活」批判

テレビのニュース番組を観なくなって久しいことは何度か触れてきた。もともとテレビを買ったのは一九八三年のことだったから、きわめて遅い。この年の十月、米帝国がカリブ海の島国、グレナダに海兵隊を侵攻させた。社会主義政権の誕生で彼の地の社会情勢が「不穏」となり、在留米国人の「安否」が気遣われたという口実での、海兵隊の侵攻だった。ひどい話だが、「建国」以来の米国史ではありふれたことではあった。悔しいのは、グレナダという国について何のイメージも浮かばないことだった。長崎県の福江島に等しい程度の広さの国だというが、どんな人が住んでいるのだろう、主な生業は何だろう、一〇万人の人口で成り立つ「国」とはどんなものだろう。そんな小さな国で、米国をして不安に陥れる社会的・政治的情勢とは、どんなものだろう——百科事典でわかることもあったが、土地とひとに関わる映像的なイメージがどうしても必要だと思った。

あれほど拘って「拒否」してきたテレビを買ったのは、その時だった。買ってみてわかったことだが、グレナダのような小さな国の出来事なぞ、何が起ころうと日本のテレビ局は何の関心も示さない。新聞は読んできたのだからわかりそうなものだったが、マスメディアにおける、「世界」から打ち捨てられた地域・国々の扱い方はそういうものなのだ、という当然の、興ざめした結論を改めて得ることとなった。だが、ニュースのほかにもさまざまなテレビ番組に触れるにつれ、現代人の心のありように及ぼすテレビの影響力の決定的な大きさを心底痛感することとなった。

そのことを実感する個人的な経験も一九九七年にあった。前年末に起こって長引いていた在ペルー日本大使公邸占拠・人質事件をめぐって、某テレビのニュース番組に二度出演した。生放送ではない、録画撮りで、放映時間はそれぞれわずか一分程度のものだった。私としては、日本人人質の安否報道に純化している日ごろの番組ではまったく聞かれない意見を話したつもりだった。翌夕、事務所近くのラーメン屋へ行くと、顔見知りの兄さんが「夕べ、テレビに出ていましたね」と言って、何か小皿料理をサービスしてくれた。郵便局の局員も、見ましたよと言って、それがさも大変なことであるような話ぶりだった。話したことの内容ではなく、テレビに出たこと自体が、私に対する彼らの視線を変えたもののようだった。恐ろしい媒体だ、と心から思った。

一九八三年にテレビを買い、その後二十年間ほどは、時間さえあれば、ニュース番組以外にもいろいろと観た。とりわけ二〇〇二年九月以降の半年くらいの間はテレビに浸った。日朝首脳会談以降の拉致問題報道によって社会がどのようにつくり変えられていくのか。それを見極めなくてはならない。そう考えたからだ。外にいたり電車に乗っていたりするときも、ワイドショー番組での人びとの発言を携帯ラジオの音声モードで聞いていた。恐るべき速度と深度で、この社会が民族排外主義と自己責任免罪主義によって席捲されていく様子が、手に取るように分かった。ワイドショーこそは諸悪の根源、と確信した。この作業を終えて以降、テレビ・ニュースを観ることをほぼ止めた。世界各国の最新のニュース番組を同時通訳で紹介するNHK・BSの「ワールド・ニュース」だけは観る。六〇年安保のころ、中国文学者・竹内好が「日本の新聞だけを読んでいても、何もわからない。英字新聞を読まなければ」と語った記憶が蘇る。今、テレビに関して、竹内に似た思いを抱く。

国会解散・総選挙・相次ぐ新党結成などの動きが打ち続くなかで、「禁」を破ってテレビのニュース番組やワイドショーをいくつか観た。テレビを重要な媒体だと考えている人びとの脳髄に日々染み渡ってゆく言論がどのような水準のものであるかを、司会者・コメンテーターの言動と番組全体の枠組みを検討して、理解した。十五年前との比較においてすら、劣化は著しい。加えて、選挙制度は小選挙区制である。さらに加えて、極右が支配する「自民」「希望」は論外としても、これに対決しているかに見える新党「立憲民主党」の先頭に立つのは、震災・原発事故の際の〈為政者〉としての印象も生々しい政治家たちである。あっちを向いても地獄、こっちを向いても〈小〉地獄。選挙の一定の重要性は否定しないが、「一日だけの主権者」への埋没がこの事態を出来させたと考えれば、私たちが真に大切にしなければならないことは何かが見えてくる。それは、テレビ・ニュースに象徴される、己が「日常生活」への批判なのだ。

『反天皇制運動 Alert』第一六号（通巻三九八号、二〇一七年十月十日発行）掲載

山本作兵衛原画展を見に来たふたり

数年前のことだった。東京タワーの展示室で「山本作兵衛原画展」が開かれた。筑豊の炭鉱で自らが従事した鉱山労働の様子や、労働を終えた後の一時のくつろぎの仕方までを絵筆をふるって描き、深い印象を残す人物である。筑豊は谷川雁、上野英信、森崎和江などの忘れ難い物書き（関連して、後述する水俣の石牟礼道子も）を生んだ土地であり、私はそれらの人びとへの関心の延長上で作兵衛

の作品にも画集では出会っていた。

原画にはやはり独特の趣があって、来てよかったと思った。原画展の会場を去る時、ひとりの友人とすれ違った。その彼女が深夜になってメールをくれた。あのあと会場で作品を見ていると、今日は緊急に閉場しますというアナウンスがあったので、そんなことは展覧会案内のホームページにも書いていない、まだ見終えていない、と抗議していると、どこからともなくわらわらと大勢の黒い服の男たちが現われ、見る見るうちに会場を制圧した。そしてその奥から天皇・皇后の姿が現われた……と。

作兵衛画の鑑賞を突然断ち切られた友人の怒りは当然として、同時に、作兵衛展を見に行くとは、皇后もなかなかやるな——と私は思った。この展覧会の少し前に、ユネスコは作兵衛の作品を世界記憶遺産に指定していた。この年には、チェ・ゲバラが遺した文書（日記、旅行記、ゲリラ戦記など）も、キューバ・ボリビア両政府からの申請で同じ遺産に指定されており、それぞれの国では自国に縁のある文物が記憶遺産に指定されることに〈自民族至上主義的に〉大騒ぎする。日本社会も、描いている主題からして日頃はさして注目もしていない山本作兵衛の作品が、世界的な認知を受けたといって盛り上がっていたとはいえ、このような社会的「底辺」に関わる表現にまで目配りするとは、さすが皇后、と思ったのである（この展覧会に来るという「見識」を持ち得るのは天皇ではなく皇后だろうという判断には、大方の賛同が得られよう）。

こんなことを思い出したのは、去る十月二十日、八十三歳の誕生日を迎えた皇后の文書が公表されたからである。二ヵ月早く今年の回顧を行なった感のある同文書を読むと、森羅万象に関わる皇后の関心の広さ（あるいは、目配りのよさ）がわかる。震災の被災者や原爆の被害者への言及を見て、「弱者に寄り添う」という表現もメディア上では定番化した。今回は特に、核兵器廃絶国際キャンペーン（ＩＣＡＮ）がノーベル平和賞を受賞したことにも触れており、これには明らかに、核廃絶への取り組みに熱心ではない安倍政権への批判が込められているとの解釈もネット上では散見された。学生時代の彼女は（一九三四年生まれの世代には珍しいことではないが）、ソ連の詩人、マヤコフスキーやエセーニンの作品を愛読していたという挿話もあって、〈個人としては〉時代精神の優れた体現者なのだろう。

だが、ひとりの人間として――というためには、他の人びととの在り方と隔絶された特権を制度的に享受する立場に立たない、という絶対条件が課せられよう。作兵衛展に出かけるにしても、一般人の鑑賞時間を突然に蹴散らしてでも自分たちの来場が保証されるという特権性に、彼女が聡明で優れた感度の持ち主であれば、気づかぬはずはない。自分たちが外出すれば、厳格極まりない警備体制によって「一般人」が被る多大な迷惑を何千回も現認しているだろうことも、言うを俟たない。「弱者」に対していかに「慈愛に満ちた」言葉を吐こうとも、己の日常は、このように、前者には叶うはずもない、そして人間間の対等・平等な関係性に心を砕くならば自ら持ちたいとも思わないはずの特権に彩られている。その特権は「国家」権力によって担保されている。この「特権」と、自らが放つ温情主義的な「言葉」の落差に、気が狂れるほどの矛盾を感じない秘密を、どう解くか。

凶暴なる国家意志から、まるで切り離されてでもいるかのように浮遊している「慈愛」があるとすれば、それには独特の「役割」が与えられていよう。彼女が幾度も失語症に陥りながらも、皇太子妃と皇后の座を降りようとしなかったのは、自らの特権的な在り方が「日本国家」と「日本民族」に必要だという確信の現われであろう。

高山文彦に『ふたり』と題した著書がある（講談社、二〇一五年）。副題は「皇后美智子と石牟礼道子」である。そのふるまいと「言霊」の力に拠って、後者の「みちこ」及び水俣病患者をして心理的にねじ伏せてしまう、前者の「みちこ」のしたたかさをこそ読み取らなければならない、と私は思った。「国民」の自発的隷従〈エティエンヌ・ド・ラ・ボエシ〉こそが、〈寄生〉階級たる古今東西の君主制が依拠してきている存立根拠に違いない。

『反天皇制運動 Alert』第一七号（通巻三九九号、二〇一七年十一月七日発行）掲載

代議制に絶望して、おろおろ歩き……

かつて必要があって、一九六五年当時の日韓条約締結に関わる国会審議の様子を新聞記事に基づいて調べたことがある。不明なことが多く、議事録を取り寄せたら、質疑内容に関する印象は一変した。戦後「反戦・平和勢力」の、国会における重要な担い手であった社会党議員が、対韓植民地支配責任を問う形での「戦後処理」を求めるのではなく、敗戦時に在韓していた日本人植民者が混乱の最中で彼の地に放置せざるを得なかった「財産」の回復・確保が、締結すべき条約に関わっての主要な関心であったことに一驚した。これに関しては、植民者を動員した日本国家が負うべき責任はあるだろうが、対韓請求の問題ではないだろう。

時代は下って一九九〇年代後半、オウム真理教教祖の公判での弁護側と検察側のやり取りを、某紙一面の全面を使う記事で読んだ。全面を使っているのだから、さぞ詳しく、的確にまとめられている

のだろうと思い込んでいた節が我ながらあった。後日、その応酬を引用するために公判記録を読むと、新聞に掲載されていた要旨とはまったく異なる印象を受けた。同紙の要約記事は、法廷における教祖の、「異様」かつ「不真面目な」ふるまいに関するト書き的な叙述が多く、弁護人の重要な発言を軽視ないしは無視していたようだった。

当然のことながら、国会や裁判で交わされた当事者間の問答・論議を検証するには原資料に当たることの重要性を学んだ。その意味ではテレビやラジオの中継は、質疑・問答のありようをじかに確認できて、本来ならよいのだが、時間の関係上それはできない場合が多く、加えて昨今の国会審議の惨状を思うと、そもそも見聞きするに堪えられないという思いが先に立つ。機会あって稀に見聞きしたりすると、両者の言動に対する賛否以前に「言葉を交わす」こと自体が不可能な人間がここまで大量に登場している事実を知って、こころが塞ぐ。だが、ネット上のツイッターやフェイスブックでは忍耐力のある人が、あまりにひどいケースを動画入りで報告してくれる場合が、昨今はある。今次臨時国会での「討論」に関しても、それを通していくつかの「シーン」を垣間見た。野党議員の持ち時間を大幅に削ってまで質問をしたいと望んだ与党議員と閣僚たちが、驚くべき「醜態」をさらしていた。

青山繁晴や山本一太などが行なった質問はここに引用するのも憚られる内容（正しくは、無内容）なので、それはしない。したくない。この間、私自身もそう思い、何度か書いたこともあったが、連中の狙い目は、有権者が国会審議のひどさに呆れ、もはや、今まで以上に政治への、国会への関心を喪失し、政府・与党のやりたい放題でこの国の運営ができる状態を出来させたいのではないかと呟く人を、今回はちらほらと見かけた。さもありなん。

「ひどさに呆れ」と言えば、否応なく思い出すひとつの文章がある。テーマが若干変わるが、以下に引用してみる。「天皇というものは本来純粋培養で、貴族同士の結婚によって段々痩せ衰えてゆき、ひとつの生物の標本となる。ジガ蜂のようにグロテスクになってしまい、国民がそれを見て、なるほど俺たちの象徴というのはこんなんなんだナというふうに眺めるようになってほしかった。ところが、民間の女性と結婚することになった。これは困ったことである。なぜならたいへん健康な子どもが生まれるであろうから」

これを書いたのは、作家・深沢七郎。時期は、現天皇夫妻が結婚して間もない一九六〇年。掲載誌は、講談社が現在も刊行を続けている文芸誌『群像』。深沢が書いた高級落語（吉本隆明による命名）「風流夢譚」とほぼ同じ時期に書かれたエッセイだったと知れよう。深沢の、この暗喩的な表現は何を語ったのか。この国では、自覚的な意識化作業による精神革命を経ての天皇制の廃絶も、他国ではありふれた歴史的事象であった物理的な処断＝「王」の処刑による王政廃絶も、いずれも不可能なのではないかという、いかにも彼らしいニヒリズムの表現であったように思われる。

私はここで天皇制のことを書こうとしているのではない。あまりにひどい代議制に対する私たちの絶望の度合いは、天皇制に関わる深沢のこの吐露に近いものに達していると考えている私は、この先どうしたものかとおろおろ歩いているさまを、そのまま記しておきたかったのである。

『反天皇制運動 Alert』第一八号（通巻四〇〇号、二〇一七年十二月六日発行）掲載

願わくば子供は愚鈍に生まれかし。さすれば宰相の誉を得ん

今年は明治維新（一八六八年）から一五〇年に当たる年なので、政府や地方自治体がそれを記念する行事を企画し始めているようだ。年頭の新聞各紙でも、その種の記事が目立った。ただし、この言い出しっ屁が現首相であると私が知ったのは、年頭一月六日付け毎日新聞掲載の編集委員・伊藤智永のコラム「時の在りか」によってである。

戦後七〇年に当たる二〇一五年に山口県に里帰りした首相は、明治五〇周年（一九一八年）は長州軍閥を代表する寺内正毅、同一〇〇周年（一九六八年）は叔父の佐藤栄作が首相だったと紹介したうえで、「私は県出身八人目の首相。頑張って平成三〇年までいけば、明治維新一五〇年も山口県の安倍晋三が首相ということになる」と語ったという。地元有権者の心をくすぐるリップサービスだったのだろうこの発言から、長期政権への野心を忖度した現官房長官が国の記念行事に位置づけた、と伊藤記者は言う。

現首相は、元来、まっとうな歴史意識や歴史認識の持ち主であることを期待しようもない人物ではあるが（首相の在り方として、ほんとうに、これは哀しく、情けなく、恥ずべき事実として私は言っている）、彼が肯定的に例示した寺内正毅は、「元帥陸軍大将」位をはじめとしていくつもの勲章を胸中に付けた肖像写真で有名な人物である。［勲章をぶら下げた人間を見たら、「軍人の誇りとするものは、小児の玩具に似ている。なぜ軍人は酒にも酔わずに、勲章を下げて歩かれるのであろう」と『侏儒の言葉』に記した芥川龍之介の言葉を思い起こすくらいの心を持ち続けていたい。それは、「革命

軍」や「人民軍」や「解放軍」の兵士や司令であっても、変わることはない。躊躇いもなく人びとを殺す残虐な行為の果てに、胸を勲章で埋めるのが「軍人」、とりわけ「将軍」だからだ」。

ともかく、寺内正毅という軍人政治家の在り方を近代日本の歴史の中に位置づけておくことは、現首相の立場とは正反対の意味で、私たちにとっても必要なことに違いない。

一八五二年生まれ（ペリー艦隊「来襲」の前年である）の寺内は、明治維新の年＝一八六八年に御楯隊隊士として戊辰戦争に従軍し、箱館五稜郭まで転戦したことで、軍人としての生涯を始めている。わずか十六歳であったことに注目したい。その後の西南戦争でも、とりわけ田原坂の戦いで負傷して右手の自由を失うわけだから、いわば明治維新前後の政治的・社会的激動の中で生きたという背景がくっきりと刻印されている人物である。その負傷によって以後実戦の場を離れたとはいえ、日清戦争では兵站の最高責任者である運輸通信長官を、日露戦争時には陸相を務めていた事実に当たれば、いかにも「坂の上の雲」を目指して明治期前半の時代を生きた典型的な人物と知れよう。だが、その天を目指す群像を肯定的に描いた司馬遼太郎ですらが、寺内は自らの無能さを押し隠すように愚にもつかぬ形式主義に陥り、軍規にやかましく、偏執的なまでに些事に拘泥して部下を叱責した人物として描いている。その寺内が、一九一〇年の「韓国併合」と共に陸相兼任のまま初代朝鮮総督となり、一般歴史書でも「武断政治」と称されるような苛烈な朝鮮統治の方法を編み出し、あまつさえ一九一六年には首相にまで「上りつめた」のである。

中国北宋代の政治家、詩人にして書家・蘇東坡の、有名な一句を思い出す。

「願わくば子供は愚鈍に生まれかし。さすれば宰相の誉を得ん」

日本国の現首相は言うに及ばず、世界中の現役宰相を眺めて思うに、「政治」「政治家」の本質は、やんぬるかな、古今（十一世紀も、二十一世紀も）東西を貫いて、この一語に尽きるのかもしれぬ。

さて、寺内に戻る。彼は「韓国併合」の「祝宴」で次のように詠った。

「小早川 加藤 小西が世にあらば 今宵の月をいかに見るらむ」

固有名詞の三人はいずれも、十六世紀末、秀吉の朝鮮出兵に参画し「武勲」を挙げた武将たちである。「歴史の評価は歴史家に委ねる」と公言する現首相が、心底に秘めている歴史観に共通する心情が謳われていることは自明のことと言えよう。

かくして、今年一年を通じて、明治維新一五〇周年の解釈をめぐる歴史論争が展開されよう。ここ数年来、産経新聞はこの種の論争に敢えて「歴史戦」と名づけたキャンペーンを繰り広げている。『諸君！』『正論』などの右翼誌には一九八〇年代後半以降とみに劣化した言論が載るようになったが、三十年近くを経てみれば、その水準の言論が社会全体を覆い尽くすようになった。偽り、ごまかし、居直りに満ちたこの種の言論の浸透力を侮った報いを、私たちはいま引き受けている。「愚鈍な」宰相の言葉とて、甘く見るわけにはいかない。

『反天皇制運動 Alert』第一九号（通巻四〇一号、二〇一八年一月九日発行）掲載

ソ連の北方四島占領作戦は、米国の援助の下で実施されたという「発見」

一九四五年二月、米英ソ首脳によるヤルタ会談で、ソ連の対日参戦が決定された。同年八月九日、

米軍による長崎への原爆投下と同じ日、ソ連軍は樺太南部と千島列島に投入された。さらに八月二十八日からは、択捉、国後、色丹、歯舞の北方四島占領作戦が展開された。各島で日本兵の武装解除が行なわれ、九月五日、ソ連軍は四島を制圧した。

ここまでは、従来もよく知られた歴史である。八月十五日直後の状況下で、スターリンが北海道占領計画なるものを提示し、これをトルーマンが拒否したことも知られている。いつ頃のことだったか、スターリンが夢想した北海道占領案を地図上で知ったことがあった。それによると、釧路と留萌を結ぶ線を引き、その北東部分をソ連が占領することになっていた。そのとき二歳で、釧路に住んでいた私は、ソ連占領下に生きることにもなり得たのだった。権謀術数の駆け引きに拠って成立している国際政治の在り方如何によっては、所与の地域に生きる（とりわけ、敗戦国や勝者に占領された国の）民草の行く末などはいかようにも翻弄され得るのだという、世界政治に対する私の基本的な視点は、この段階で定まった。二十一世紀に入って四半世紀、このことが、アフガニスタン、イラク、シリア……などアラブ地域の国々で繰り返されているさまを、私たちは目撃し続けている。背後で蠢いているのが、米国とロシア（旧ソ連）であることにも変わりはない。これが、人間の歴史に対する諦観をわれらが裡に育てるものなのか、もっと深く絶望を植えつけるものなのか、それとも？――ここでは、問うまい。

さて、上に触れた歴史を受けて、北方四島問題を国家帰属に関わるそれとして捉えて角逐し合っているのが日露の両国家だが、そこは、近代国家成立以前には先住民族の土地であったことを考えるなら、歴史哲学的にはこの契機を挟むことなく、ことを「領土問題」に凝縮して解決を図ることの「不可能性」が浮かび上がる。この点を指摘したうえで、次へ進もう。日本が敗戦した一九四五年以降七十三年間ものあいだ揺るぐことのなかった「ソ連対日参戦」の事実に、新たな視点が付け加えられたのは昨年末のことだった。ソ連の北方四島占領を「米国が援助し、極秘に艦船を貸与し訓練も施していた」事実が明らかになったのだ（『北海道新聞』一七年十二月三十日朝刊）。冒頭に触れたヤルタ会談の直後から、共に連合国であった米ソは「プロジェクト・フラ」（Project Hula）と呼ばれる合同の極秘作戦を開始した。内容は以下のごとくであった。米国は四五年五～九月、掃海艇五五隻、上陸用舟艇三〇隻、護衛艦二八隻など計一四五隻の艦船をソ連に無償貸与し、四～八月にはソ連兵約一万二千人を米アラスカ州コールドベイ基地に集め、艦船やレーダーの習熟訓練を行なった。これら一連の訓練は、四五年八～九月の「実践」で役立てられた。四島占領作戦に参加したソ連側の艦船数は一七隻だったが、そのうち一〇隻が米国から貸与されたものだった。

つまり、ソ連の勝手なふるまいと考えられてきた北方四島の電撃的な占領作戦は、米ソをトップとする連合国の作戦であった、ということになる。こんなこともあるのか、と思えるほどの、歴史的な「一大発見」ということになる。発見者は二〇一五年来北方四島の遺産発掘・継承事業を行なっている根室振興局である。各国の資料に当たる中で、サハリン及びクリール諸島上陸作戦に参加した軍艦リストを調査した一ロシア人学者の二〇一一年度の研究が糸口になったようだ。調べてみると、米の元軍人リチャード・ラッセルが二〇〇三年に『プロジェクト・フラ』を書いて、この極秘プランの内実を著してもいる。これが最初の研究だとすれば、やはり真相は六十年近くも秘されてきたということになる。

この場合は、国際関係の微妙さを口実とした「隠蔽」だったのか、よくわからぬ。時代の制約の中に生きる人間の問題意識・歴史認識の水準に帰すべき場合もあろう。近着の『極東書店ニュース』六四三号電子版を見るにつけても、学生時代以降半世紀間見続けて読書の指針にしてきたこの学術洋書案内に見られる内容の変化は著しい。ジェンダー研究、女性史、移民史、移民問題、少数民族、人種問題、環境問題などという書目分類は昔ならあり得なかったが、昨今は際立って冊数も多い。国際政治ゆえの「隠蔽」の力が作用しているのか、それともわが認識水準が及ばないのか、いずれにせよ、歴史にはこんなことが起こり得るのだ。

まだ真相に行き着いてはいないのではないかという恐れをもって、歴史に向き合いたいものだ。

『反天皇制運動 Alert』第二〇号(通巻四〇二号、二〇一八年二月六日発行)掲載

戦争を放棄したのだから死刑も……という戦後初期の雰囲気

死刑廃止のためには、犯罪に対する刑罰のあり方、死刑という制度が人類社会でどんな役割を果たしてきたのか、国家による「合法的な殺人」が人びとの在り方にどう影響してきたのか、犠牲者遺族の癒しや処罰感情をどう考えるか――など多面的な角度からの検討が必要だ。死刑に関わっての世界各地における経験と実情に学び、日本の現実に舞い戻るという往還作業を行なううえで、二時間程度の時間幅で、それぞれの社会的・文化的な背景も描きながら「犯罪と刑罰」を扱う映画をまとめて上映すれば、大いに参考になるだろう――そう考えて始めた死刑映画週間も、今年で七回目を迎えた。死刑廃止の目標が達成されたならやめればよい、将来的には消えてなくなるべき活動だと思うから、

持続性は誇ることではない。だが残念ながら、情勢的にはまだ、やめる条件は整っていないようだ。

七年間で五六本の映画を上映してきた。思いがけない出会いが、ときどき、ある。外国の映画を観れば、映画とは、それぞれの文化・社会の扉を開く重要な表現媒体だということがわかる。韓国映画が、死刑をテーマにしながら奇想天外なファンタジーにしてしまったり、あからさまなお涙頂戴の作品に仕上げたりするのを見ると、ある意味「自由闊達な」その精神の在り方に感心する。加えて、軍事政権時代の死刑判決と執行の多さに胸が塞がれた世代としては、制度的には存続しつつも執行がなされぬ歳月が二十年も続いているというかの国の在り方に心惹かれる。社会が前向きに、確実に変化するという手応えのない社会に（それは自らの責任でもあると痛感しつつも）生きている身としては。

日本映画、とりわけ一九五〇年代から六〇年代にかけての、映画の「黄金時代」の作品に触れると、冤罪事件の多かった時代だから、それがテーマの映画だと驚き呆れ、憤怒がこみ上げてくると同時に、骨太な物語構成・俳優陣の達者さと厚み、そして何よりも高度経済成長以前の街のたたずまいや人びとの生活のつましさに打たれる。深作欣二監督の『軍旗はためく下に』（一九七二年）には驚いた。私も、周囲の映画好きですらもが、未見だった。敵前逃亡ゆえに戦地で処刑された軍人の妻が遺族年金を受給できないという事実から、軍人恩給制度・戦没者追悼式・天皇の戦争責任・帝国軍隊を支配した上意下達的な秩序と戦犯級の軍人の安穏とした戦後の生活ぶり――などの戦後史の重要項目に孕まれる問題点が、スクリーン上で語られ、描かれてゆく。一九六〇年前後の深沢七郎による天皇制に関わる複数の作品（創作とエッセイ）もそうだが、表現者がタブーをつくらずに、自由かつ大胆に己が思うところを表現する時代はあったのだ。

今年の上映作品では『白と黒』（堀川弘通監督、橋本忍脚本、一九六三年）が面白かった。妻を殺害された死刑廃止論者の弁護士が、被告とされた者の弁護を引き受けるという仕掛けを軸に展開する、重層的な物語の構造が見事だった。証拠なき、自白のみに依拠する捜査が綻びを見せる過程もサスペンスに満ちていて、映画としての面白さが堪能できる。

死刑反対の弁護士の妻が殺された事件は実際にあったと教えられて、調べてみた。一九五六年、磯部常治弁護士の妻と娘が強盗に殺害された事件が確かにあった。明らかな冤罪事件である帝銀事件の平沢貞通被告の弁護団長も務めた人だ。事件直後にも氏は、「犯人が過去を反省して誤りを生かすこと」が真の裁判だと語り、心から済まぬと反省して、依頼されるなら弁護するとすら言った。氏は、五六年三月に参議院に提出された死刑廃止法案の公聴会へ公述人として出ている。曰く「自分の事件についていえば、犯人は悪い。だが、あの行為をなさねば生きてはいけぬという犯人を作り上げたのは何か。十年前、彼が十七、八歳のころ日本が戦争をして、彼に殺すことを一生懸命に教育し、ほんとうに生きる道を教育しなかったことに過ちがある」。この言葉は、作家・加賀乙彦氏が語ってくれる「新憲法で軍隊保持と戦争を放棄した以上、人殺しとしての死刑を廃止しようという気運が戦後初期には漲っていた」という証言と呼応し合っている。残念ながら法案は廃案になったが、その経緯を詳説している『年報・死刑廃止2003』（インパクト出版会）を読むと、時代状況の中でのこの法案のリアリティが実感できる。諦めることなく、「時を摑む」機会をうかがうのだ、と改めて思った。

『反天皇制運動 Alert』第二一号（通巻四〇三号、二〇一八年三月六日発行）掲載

現首相の価値観が出来させた内政・外交の行詰り

我慢して、安倍晋三氏が書いた（らしき）本や対談本、安倍論などを読み始めたのは、二〇〇二年九月十七日の日朝首脳会談を経て、数年が過ぎたころからだったか。その数年間には、彼が拉致問題を理由にした対朝鮮強硬派であるがゆえにメディア上での注目度が上がった歳月や、二〇〇一年に「慰安婦」問題を扱ったNHK番組に関して、「勘ぐれ」という言葉を用いてNHK幹部に改竄するよう圧力をかけたことが明るみに出た二〇〇五年の日々が含まれている。やがて二〇〇六年、小泉氏の後継者をめぐる自民党総裁選が近づくと、件のNHKニュースは、安倍氏に「国民的人気が高い」という形容詞を漏れなく付けるようになった。それ以降現在にまで至る経緯は、もはや、付け加えることもないだろう。

最初の本を目にした時から、とんでもない人物が台頭してきたものだとつくづく思った。論理がない、倫理もない、歴史的な知識も展望もない、あるのは、ギラギラした、内向きで排外主義的なナショナリズムだけだ。昔の「保守」はこれほどひどいものではなかった、と独り言ちた。一九八〇年代後半以降、『正論』『諸君！』などの極右雑誌に目立ち始めた、歴史の偽造を厭わない低劣な文章群は、とうとう、こんな政治家を生み出す社会的な基盤を造成したのかと慨嘆した。そうは思いつつも、拉致問題の捉え方を軸にその言動の批判的な分析は続けてきた。だから、関連書を読み続けたのだ。そのとき思った――右翼がここまで劣化すると、左翼も危ないぞ、と。まもなく、ソ連的社会主義体制が崩壊して、左翼は危ないどころか、理念的にはともかく運動としてはほぼ消滅した。

批判的な左翼が消えた時代に、安倍的な価値意識に彩られた社会が花開いた。五年有余が経ち（わずか一年で瓦解した第一次政権の成立時から数えると十二年が経ち）、その結果を私たちは日々見ている／見せられている。改竄・隠蔽・捏造が公然と罷り通る内政の荒廃ぶりは、かくまでか、と思うほどだ。幼稚園の子どもたちに教育勅語を暗唱させ、軍歌を歌わせ、首相の妻を前に安保法制の議会通過を喜ぶ台詞を斉唱させて彼女を涙ぐませるような「愛国主義教育」を行なうことを目指した私学経営者に、首相とその取り巻きが肩入れし、国有地の安価な払い下げと設立認可を急いだ——森友学園問題のこの原点に、強権主義的な安倍政治の本質がまぎれもなくにじみ出ている。

米国頼み一本鎗が「方針」であったかのような外交の行き詰まりぶりも、内政同様、見苦しい。今年度初頭の金正恩氏の路線転換以来、朝鮮半島情勢はめざましい進展ぶりをみせている。対朝鮮外交における「対話ではなく圧力」路線の盟友であったトランプ米大統領は来る五月の米朝首脳会談を決意する一方、日本に対する輸入制限も発動した。「日本ひとりが蚊帳の外」という印象がぬぐい難い。

あるジャーナリストの調査によると、首相がこの五年間、「拉致問題は、安倍内閣の最重要課題であります」と本会議や委員会で語ったのは五四回に上るという。一年に一〇回以上もこんな発言をしていることになる。その実、解決のための努力を少しもしていないことは、蓮池透氏や私が夙に指摘してきたとおりである。拉致問題あったればこそ首相に上りつめた彼は、自らが煽った「朝鮮への憎悪感情」が社会に充満していることが政権維持の必要条件なのだから、日朝関係は現状のままでよいのだろう。去る二月の日韓首脳会談において、「米韓合同軍事演習を延期するな」と主張した首相に、「我が国の主権の問題」とする韓国大統領は反発した。一六〇ヵ国との外交関係を持つ朝鮮との断交を国際会議で求めた日本国外相の演説は、あるべき外交政策を知らぬその無知無策ぶりに、心ある外交官の失笑を買っただろう。この期に及んで外相は韓国へ行き、四月の韓朝首脳会談で拉致問題に触れるよう、韓国外相に要請するという。首相は「盟友」トランプに会いに行き、五月の米朝首脳会談での同じふるまいを頼むのだという。自力解決の意図も能力もないことを自白したに等しい。河野外相はさらに、三月三十一日に「北朝鮮は次の核実験の用意を一生懸命やっているのも見える」と語った。私も時々見ている米ジョンズ・ホプキンズ大学の朝鮮分析サイト「38NORTH」は、逆にその動きは激減しているとして、外相発言の根拠に疑問を投げかけている。中国外務省は、各国が東アジアの緊張緩和に向けて努力を積み重ねている時に「その過程から冷遇されている日本は、足を引っ張るな」と不快感を示した。

かくも無惨な外交路線があり得ようか。内政・外交ともに進退窮まっている現政権の現状は確認できた。次は何か、が私たちの課題だ。

『反天皇制運動 Alert』第二二号(通巻四〇四号、二〇一八年四月十一日発行)掲載

板門店宣言を読み、改めて思うこと

去る四月二十七日の朝鮮半島南北首脳会談に際して発表された板門店宣言の内容を知って、「日本人拉致問題への言及がない」という感想を漏らしたのは、拉致被害者家族会の会長だった。置かれている立場は気の毒としか言いようがないが、見当外れも甚だしいこのような見解が紙面に載るという

のも、二〇〇二年九月の日朝首脳会談以降十六年の長きにわたって日本政府が採用してきた過てる対朝鮮政策の直接的な結果だろう。自ら問題解決のために動くことなく、他国の政府に下駄を預けるという方針を貫いてきたからである。多くのメディアもまた、その政府の方針に無批判で、日本ナショナリズムに純化した報道に専念している。長い年月、分断され非和解的な敵対関係にあった南北朝鮮の二人の指導者が「民族的な和解」のために会談を行なう時に、なぜ「日本人」に関わる案件が宣言文に盛られるほどの重要度をもち得ると錯覚できるのであろうか。藁にも縋りたい家族会の人びとをこのような迷妄的な境地に導き入れてきた政府とメディアの責任は大きい。

金正恩朝鮮労働党委員長は「いつでも日本と対話する用意がある」と文在寅韓国大統領に伝えたという。日本政府は絶好の機会を捉えてすぐ応答することもせずに、首相が中東地域歴訪に出かけるという頓珍漢な動きをした。あまつさえ、去る一月に対朝鮮国断交を行なったヨルダン政府の方針を高く「評価」した。事ほど左様に、およそ確たる外交方針を持たない日本政府ではあるが、日朝間にも何らかの交渉の動きが近いうちに始まるのではあろう。会談の結果明らかになる拉致問題に関わる内容如何では、両国間にはさらなる緊張状態が高まるかもしれず、今の段階から、その時代風潮に対処するための準備が必要だろう。

私は十六年前の日朝首脳会談直後から、あるべき対朝鮮政策の在り方を具体的に述べてきているので、ここでは違う角度から触れてみたい。対朝鮮問題に関しては一家言を有する元国会議員・石井一氏が「約束を破ったのは北朝鮮ではない、日本だ」とする発言を行なっている(『月刊日本』二〇一八年五月号)。氏は日朝議員連盟会長を務め、一九九〇年の金丸訪朝団の事務総長の任にも当たり、先遣隊の団長でもあった。自民党、(まだ存在していた)社会党、朝鮮労働党の三党合意が成ったこの会談に関する氏の証言は重要だろう。朝鮮ではまだ金日成が存命中だった。金丸・金日成の二者会談を軸にしながら、「国交正常化」「植民地時代の補償」「南北分断後四十五年間についての補償」の三点の合意が成った。だが、日本国内にあっては、金丸氏に対して「売国奴」「北朝鮮のスパイ」との非難が殺到した。国外にあっては、日本の「抜け駆け」を警戒する米国からの圧力があった。自民党の「実力者」金丸氏にして、自主外交を貫くまでの力はなかった。かくして一九九〇年の日朝三党合意は、日本側の理由で破棄されたも同然、と石井氏は言う。

二〇〇二年の日朝首脳会談も「平壌宣言」の合意にまでは至った。拉致問題に関わって明らかになった事実が、被害者家族にとってどれほど悲痛で受け入れがたいものであったとしても、また社会全体が激高したとしても、この事実を認め、「拉致問題は決着した」との前提で、宣言はまとめられた。家族会の怒りに「無責任に」同伴するだけの世論と、それを煽るメディアを前に、訪朝と国交正常化までは決断していた小泉氏も屈した。日本の独自外交を嫌う米国からの圧力が、ここでも、あった。平壌宣言を無視し、国交正常化交渉を推進しなかったのは、小泉氏を首班とする日本側だった――石井氏の結論である。世上言われている捉え方とは真逆である。

石井氏は二〇一四年に「横田めぐみさんはとっくに亡くなっている」と公言して、家族会の反発を喰らっている。「被害者全員を生きて、奪い返す」とする安倍路線が破綻していることは、石井氏にも私にも明らかなのだが、今後の事態がいざそれを証明するように展開した場合に、日本社会の「責め」は改めて朝鮮国に集中するだろう。拉致問題をナショナリズムの高揚と自らの政権基盤の維持に利用しただけの政権をこそ批判しなければならない。この雰囲気が醸成された二〇〇二年以降の過程で、民衆に対する国家的統制を強化し、戦争に備える悪法がどれほど成立したかを冷静に見つめなければならない。

『反天皇制運動　Alert』第二三号（通巻四〇五号、二〇一八年五月八日発行）掲載

米朝首脳会議を陰で支える文在寅韓国大統領

引き続き朝鮮半島情勢について考えたい。東アジア世界に生きる私たちにとって、情勢が日々変化していることが実感されるからである。しかも、差し当たっては政府レベルでの動きに注目が集まるこの事態の中に、日本政府の主体的な姿はない。見えるとしても、激変する状況への妨害者として、はっきり言えば、和解と和平の困難な道を歩もうとする者たちを押し止めようとする役割を自ら進んで果たす姿ばかりである。その意味での無念な思いも込めて、注目すべき状況が朝鮮半島では続いている。

政治家は押し並べて気まぐれだが、その点では群を抜く米朝ふたりの政治指導者の逐一の言葉に翻弄されていては、問題の本質には行きつかない。そこで、今回のこの情勢の変化を生み出した当事者のひとりで、米朝のふたりとは逆の意味で頭ひとつ抜けていると思われる政治家、文在寅韓国大統領の言葉の検討から始めたい。

一七年五月に就任したばかりの文大統領は、直後の五月十八日に、記憶に残る演説を行なっている。光州民主化運動三七周年記念式典において、である。文大統領は、朴正熙暗殺の「危機」を粛軍クー

デタで乗り越えようとした軍部が全土に非常戒厳令を布告し、ひときわ抵抗運動が激しかった光州市を戒厳軍が制圧する過程で起こった八〇年五月の事態を「不義の国家権力が国民の生命と人権を蹂躙した現代史の悲劇だった」として、自らの問題として国家の責任を問うた。一八年三月一日の「第九九周年三・一節記念式」では、日本帝国主義支配下で起きた独立運動の意義を強調し、この運動によってこそ「王政と植民地を超え、私たちの先祖が民主共和国に進むことができた」と述べた。最後には、独島（竹島）と慰安婦問題に触れて、日本は「帝国主義的侵略への反省を拒んでいる」が、「加害者である日本政府が『終わった』と言ってはならない。不幸な歴史ほどその歴史を記憶し、その歴史から学ぶことだけが真の解決だ」と語った。私たちは、韓国憲法が前文で、同国が「三・一運動で建立された大韓民国臨時政府の法統」に立脚したものと規定している事実を想起すべきだろう。来年はこの三・一運動から百年目を迎える。改めて私たちの歴史認識が、避けがたくも問われるのである。

文大統領は一八年四月三日の「済州島四・三犠牲者追念日」でも追念の辞を述べた。日本帝国主義軍を武装解除した米軍政は、一九四八年に南側の単独選挙を画策したが、これに反対し武装蜂起した人びとに対する弾圧が、その後の七年間で三万人もの死者を生んだ悲劇を思い起こす行事である。今年は七〇周年の節目でもあった。文氏はここで、七十年前の犠牲者遺族と弾圧側の警友会の和解の意義を強調しつつ、「これからの韓国は、正義にかなった保守と、正義にかなった進歩が『正義』で競争する国、公正な保守と公正な進歩が『公正』で評価される時代」になるべきだと語っている。

どの演説にあっても貫かれているのは、国家の責任で引き起こされた過去の悲劇をも、後世に生きる自らの責任で引き受ける姿勢である。私は、文氏が行なっている内政の在り方を詳らかには知らない。韓国内に生きるひとりの人間を想定するなら、氏の政策にも批判すべき点は多々あるのだろう。

だが、今や世界中を探しても容易には見つからない、しかるべき識見と歴史的展望を備えた政治家だ、とは思う。米クリントン政権時代の労働省長官だったロバート・ライシ氏は、文氏が「才能、知性、謙虚さ、進歩性」において類を見ない人物であり、「偏執症的なふたりの指導者、トランプと金正恩がやり合っている脆弱な時期に」文在寅大統領が介在していることの重要性を指摘している（「ハンギョレ新聞」一八年五月二十七日）。十三年来の「新年辞」で南北対話と緊張緩和を呼びかけてきた金正恩氏にとっても、またとない相手と相まみえている思いだろう。

来るべき米朝会談のふたりの主役は、その内政および外交政策に批判すべき点の多い人物同士ではあるが、会談の行方をじっくりと見守りたい。この重要な政治過程にまったく関わり合いがもてない政治家に牛耳られているこの国の在り方を振り返りながら。

『反天皇制運動 Alert』第二四号（通巻四〇六号、二〇一八年六月五日発行）掲載

「貧しい」現実を「豊かに」解き放つ想像力

一〇や五〇や一〇〇のように「数」として区切りのよい周年期を祝ったり、内省的に追憶したり、それに過剰に意味付与したりするのはおかしいと常々思ってはいる。だが、ロシア革命百年（一九一七〜）、米騒動・シベリア干渉戦争百年（一九一八〜）、三・一独立運動／五・四運動百年（一九一九〜）、関東大震災・朝鮮人虐殺百年（一九二三〜）という具合に、近代日本の歩みを顧みるうえで忘れ

難い百周年期が打ち続くここ数年には、その歴史的な出来事自体はもとよりこれに続いた歴史過程の検証という視点に立つと、深く刺激される。百歳を超えて存命されている方を周辺にも見聞きするとき、ああこの歳月を生きてこられたのだ、と思いはさらに深まる。

厄介な「米国問題」を抱えて苦悶する近現代の世界を思えば、五年後の二〇二三年は、米国は身勝手なふるまいをするぞと高らかに宣言したに等しいモンロー教義から二百周年期にも当たることが想起される。それに、現在のトランプ大統領の勝手気ままなふるまいを重ね合わせると、他地域への軍事侵攻と戦争に明け暮れている米国二百年史が重層的に見えてきて、嘆息するしかない（いまのところ、唯一、トランプ氏の対朝鮮外交だけは、伝統的な米外交政策顧問団が不在のままに大統領単独で突っ走ったことが、局面打開の上で有効であったと私は肯定的に判断しているが、この先たどるべき道は、なお遠い。紆余曲折はあろうとも、よい形で、朝鮮半島南北間の、そして朝米間の、相互友好関係が築かれることを熱望してはいるが……）。

さて足下に戻る。冒頭に記した百周年期を迎える一連の出来事を見ても一目瞭然、問題は、百年前の当時、日本が東アジアの周辺地域といかなる関係を築いていたのかとふり返ることこそが、私たちの視点である。先ごろ実現した南北首脳会談と朝米首脳会談に対して、日本の政府、マスメディア、そして「世論」なるものが示した反応を見ても、この社会は総体として、朝鮮に対する植民地主義的態度を維持し続けていることがわかる。民族的な和解に向けた着実な歩みを理解しようとせずに、そこには「ぼくがいない」（＝拉致問題に触れていない）などと駄々をこねているからである。この腹立たしい現実を思うと、改めて、「日韓併合」から十年ほどを経た一九二〇年前後の史実に、百年後の今いかに向き合うかが重要な課題としてせりあがってくる。

その意味で注目に値するのが、公開が始まったばかりの瀬々敬久監督の映画『菊とギロチン』である（二〇一八年）。関東大震災前後に実在した、アナキスト系青年たちの拠点＝ギロチン社に集う面々を描いた作品である。ギロチン社の実態をご存知の方は、そんなことに何の意味があろうと訝しく思われよう。大言壮語を駆使して資本家から「略奪」した資金を酒と「女郎屋」で使い果たしたり、震災後の大杉栄虐殺に怒り「テロ」を企てるも悉く惨めな失敗に終わったりと、ギロチン社に関しては情けなくも頼りない史実が目立つばかりである。映画はそこへ、当時盛んであった女相撲の興行という要素を絡ませた。姉の死後、姉の夫だった男の「後妻」に、こころ通わぬままになったが、夫の暴力に耐えかねて貧しい農村を出奔した花菊（木竜麻生）にまつわる物語は、当時の農村社会の縮図といえよう。元「遊女」の十勝川（韓英恵）は朝鮮出身の力士と設定されているが、彼女が経験してきたことがさまざまな形で挿入されることで、物語は一気に歴史的な現実に裏づけられた深みと広がりをもつものとなった。過去の、実態としては「貧しい」物語が、フィクションを導入することによって、現在の観客にも訴えかける、中身の濃い「豊かな」物語へと転成を遂げたのである。大言壮語型の典型と言うべき中濱鐵（東出昌大）も、思索家で、現金奪取のために銀行員を襲撃したときに心ならずも相手を殺害してしまったことに苦しむ古田大次郎（寛一郎）も、この物語の中では、いささか頼りないには違いないが、悩み苦しみつつ、「自由な世界」を求める人間として、生き生きとしてくる。大震災の直後の朝鮮人虐殺にまつわる挿話は、十勝川も、威張りちらす在郷軍人も、今は貧しい土地にへばりついて働いているが、自警団としての耐え難い経験を心底に秘めた元シベリア出兵兵士も、それぞれの場から語って、映画の骨格をなした。

現実は、ご存知のように、耐え難い。想像力が解き放つ映像空間を楽しみたい。

【追記】『菊とギロチン』の公式サイトは以下です。
http://kiku-guillo.com/

『反天皇制運動 Alert』第二五号（通巻四〇七号、二〇一八年七月十日発行）掲載

オウム真理教幹部一三人の一斉処刑について

共謀罪法施行一周年の抗議集会で講演するために、豪雨の大阪へ向かう準備をしていた七月六日朝、オウム真理教幹部の死刑執行の第一報がラジオで流れた。執行後にしか情報が流れない通常の在り方とは異なる「事前情報」であることは、ニュースの言葉遣いから分かった。その後は新幹線の車中にいたために、次々となされる死刑執行の様子が、まるで実況中継のようになされたという一部テレビ報道は現認していないが、執行に立ち会うべき検察官が早朝から拘置所内へ入る姿が撮られている以上、法務省は積極的に事前情報を流したのだろう。テレビ・メディアの「効用」を思うがままに利用したその意図を見極めなければならない。七人の死刑が執行されたことは車中のテロップで知った。残るオウムの死刑確定者は六人。彼らにとっては、これは「予告された殺人宣告」にひとしい作用としてはたらくだろうと思い、その残酷さに心が震えた。

七月二十六日、翌日に某所で行なう講演「オウム真理教幹部一斉処刑の背景を読む」の準備をしていた時に、第二次処刑のニュースが流れた。合計一三人の処刑。すぐに思い浮かべたのは、一九一一

年一月の二十四日と二十五日のこと――前日には、「大逆事件」で幸徳秋水ら一一人の、翌日には管野スガひとりの、計一二人の死刑が執行された史実だった。大量処刑を行なっても世論は反撃的には沸騰しない、と読んでいる安倍政権の「冷徹さ」が、際立って透けて見えるように思えた。

無理にでも心を落ち着かせて、翌日の講演の準備を続けた。いくつかの資料に基づいて、オウムの関連年表を作ってみた。「オウム神仙の会」が設立され、松本智津夫が麻原彰晃と名乗り始めたのは一九八四年（「オウム真理教」と改称したのは一九八七年）だったが、松本サリン事件が一九九四年、地下鉄サリン事件は一九九五年――という形で年表を作ってみると、創設からわずか十年前後で、オウム真理教は「極限」にまで上り詰めたことがわかる。無神論者の私にして、宗教がもつ始原的なエネルギーのすさまじさを思うほかはなかった。来世や浄土を信じる心が、市民社会に普遍的な「善悪の基準」に拘泥され得ないことは、理念的には、見え易い。だが、近代合理主義からすれば、神秘的なこと／常軌を逸したことへの信念を持つことが、これほどまでに短期間に、無差別殺戮を正当化する暴発に結びついたことには、心底、驚く。

修行中に異常を来した信者を水攻めにして死に至らしめ遺体を焼却した事件や、その事実を知る信者が脱会を申し出たために殺害した事件は、一九八八年秋から八九年初頭にかけてすでに起こっていたが、これはごく少数の幹部の裡に秘匿されていたために、長いこと外部に漏れることはなかった。だが、出家した子どもの親たちが、高額の「お布施」や連絡の途絶に不審を抱いて、被害対策弁護団も結成された後の一九八九年八月に、東京都から宗教法人の認証を受けているなど、解明されるべきことは多々あることを、あらためて思い知る。八九年十一月の坂本弁護士事件が、神奈川県警のサボタージュによって捜査の方向が捻じ曲げられたことは今までも触れてきた。その捜査の中心人物たる古賀光彦刑事部長（当時）がその後、愛知県警察本部長→警察大学学長→JR東海監査役という具合に、絵に描いたような「出世」と「天下り」のコースをたどっていることは、寒心に堪えない。安倍政権下で「功績」を挙げた官僚たちが歩む道は、いつの時代にも、敷き詰められているのだ。

その夜の講演で私は、「国家権力とたたかう」オウムが、省庁を設けて担当大臣や次官を任命し、他者を殺戮する兵器や毒ガス開発に全力を挙げたことを指して「国家ごっこ」と呼んだ。軍隊・警察を有する国家が独占している殺人の権限を自らも獲得しようとしたオウムは、悲劇的な形で「国家の真似事」を演じた。一宗教がたどった軌跡から私たちが取り出すべきは、宗教がもち得る危険性への視点だけではない。大量処刑も含めて「国家」が行なう所業への批判も導き出すことができるのだ。

『反天皇制運動 Alert』第二六号（通巻四〇八号、二〇一八年八月七日発行）掲載

百年後のロシア革命——極秘文書の公開から見えてくるもの

あるところで「ロシア革命百年」講座を行なっている。半年かけて、全六回である。昨年もこのテーマに関しては二回ほど公の場で話した。そのうち一回は、「レーニン主義」をなお墨守していると思われる人びとが多く集う場だから、緊張した。私は一定の〈敬意〉をもってこの人物に接してはきたが、いわゆる「レーニン主義者」であったことは一度もない。若い頃の思いを、恐れも知らず埴谷雄高を模して表現するなら、ヨリ自由な立場から『国家と革命』に対峙し、理論的に負けたと思った

ら、選ぶ道を考え直そう、というものだった。〈勝ったか負けたか〉はともかく、レーニンが主導した道は選ばなかった。だから、その道を選び、今なお〈悔い改めない〉人びとの前では、いい意味で緊張するのである。

五十三歳で亡くなったレーニンは、論文・著作の生産量が高い人だった。最終的には、ロシア語第五版で補巻を含めて全五十七巻、日本語版はロシア語第四版に依拠し全四十八巻の全集が編まれた。いずれも、一九五〇年代から六〇年代にかけての、息の長い出版の仕事だった。レーニンの著作をめぐって、事態が決定的に変わるのは、ソ連体制が崩壊した一九九一年以降である。ソ連共産党中央委員会のアーカイブに厳密に保管されてきていた極秘文書が公開されるようになった。書き込みも含めてレーニンの手になる文書三、七〇〇点、レーニンが署名した公的文書三、〇〇〇点が明るみに出た。極秘にされていた理由は、以下による。(1)国家機密に関わるもの。陰謀的な性格を持つもの。(2)公定レーニン像に抵触する、不適切なイデオロギー的性格をもつもの。(3)判読不能・鑑定上の疑義のあるもの。技術的・学術的な問題。(文書の点数は、池田嘉郎による)

ロシアではもとより、英語圏・フランス語圏でもこれらの文書を参照しないロシア革命研究はもはやあり得ない。重要な著作は、いくつか日本語訳も出版されている。日本でも、梶川伸一、池田嘉郎、故稲子恒夫のように、従来の未公開文書を駆使して重要な仕事を行なっている研究者が生まれている。そんな時代がきて、四半世紀が過ぎた。

それらの資料を読みながら、私はつくづく思う。党中央委員会の文書管理部は、一貫して、実に〈すぐれた〉人物を擁していた。同時代的に、あるいは後世においてさえ、この文書を公開しては、レーニンとロシア革命のイメージをひどく毀損すると「的確に」判断できていたからである。この短い文章では具体的な引用はできない。ただ、〈敵〉と名指しした人びとに対する、公開絞首刑の執行を含めた仮借なき弾圧が幾度となく指示されているとか、レーニンの忠実な「配下」であったトゥハチェフスキーが「反革命」鎮圧のために毒ガス使用を指示したとか程度には触れておこう。「富農を人質に取れ」という苛烈なレーニンの指令に驚き、心がひるみ、この指令を無視する地方の党幹部の姿も現われる。つまり、この幹部のように、そしてクレムリンの文書管理部局スタッフのように、難局極まりない内戦の渦中にあっても「的確な」判断を成し得た人物は実在したのである。レーニンと革命が掲げる〈目的〉に照らせば、採用してはいけない〈手段〉があることを知っていた人物が……。

その意味では、一九二一年のクロンシュタット叛乱と、一九一八〜二一年のウクライナのマフノ農民運動に対して、レーニンやトロツキーが先頭に立って「弾圧」した事実は、夙に〈同時代の中でも〉知られていた。

前者の叛乱は、「革命の聖地」ペトログラードのすぐ近くのクロンシュタット要塞で進行した。それは、ボリシェヴィキの一党独裁を批判する立場から革命の根源的な深化を求めた水兵・労働者の公然たる動きであり、ボリシェヴィキも機関紙上で反論せざるを得なかった。叛乱なるものの背後にはフランスのスパイがいる、というお定まりの宣伝ではあったが。後者の場合は、ボリシェヴィキの弾圧にさらされる農民アナキストが渦中で情報を発信した。一九二二年末に日本を脱出した大杉栄は、翌年二月パリに着くと、マフノ運動関連の文献渉猟に全力を挙げている。七月に帰国して、翌八月には「無政府主義将軍　ネストル・マフノ」という優れた紹介文を執筆した。大杉が虐殺される前の月である。

ロシア革命は、当時も百年後の今も、その本質について、どんな情報に基づいてどのような判断を持つかを迫られる、或る意味で「おそろしい」場であり続けている。

『反天皇制運動 Alert』第二七号（通巻四〇九号、二〇一八年九月四日発行）掲載

日米首脳会談共同声明から見抜くべきこと

移民や難民の入国規制や禁止を求めて欧州各国に台頭しつつある排外主義的な政治勢力を、正しくも「極右政党」と表現するメディアは、日本に成立した今次安倍政権を「極右政権」と名づけて報道しなければならないのではないか。「日本会議」と「神道政治連盟」に加入している政治屋たちが居並ぶ閣僚名簿を見て、かつ彼（女）らのこれまでの発言を思い起こして、つくづくそう思うのだが、こんな問題提起をしても、虚しさが募るばかりの、政治・社会・メディアの状況が続いている。だが、これが偽りのない日本社会の現状なのだ。私たちは、ここで考え、発言し、叫び、跳び、転がり、駆け、座り込み、動き回るしかないのだと覚悟して、久しい。

衝くべき問題は、いくつもある。ここでは、去る九月二十七日に行なわれた日米首脳会談が孕む問題に触れよう。共同声明の発表を受けて、日本での報道では「日米物品協定交渉入り合意」（九月二十七日毎日新聞）、「日米、関税交渉入り合意」（同日朝日新聞夕刊）などの見出しが躍った。詳しく読むと、記者会見で日本国首相は、「今回のＴＡＧ（物品貿易協定）は、これまで日本が結んできた包括的なＦＴＡ（自由貿易協定）とは全く異なる」と強調している。これは、従来から、日米二国間の

FTA交渉を行なうことはあり得ないと否定してきた首相の立場に即せば当然のことだが、しかし、交渉翌日の新聞は「事実上のFTA」（毎日新聞）、「実態　FTAに近い」（朝日新聞）との見出しを付したように、マスメディアによっても問題の本質は疾うに見抜かれていたのである。

十月四日、東京新聞が共同声明のホワイトハウス発表の英語版および、在日米国大使館による仮翻訳と日本政府訳を並列し、食い違っている問題点を指摘した。私自身も原資料に当たって、検討してみた。すると、東京紙も指摘しているところだが、日本政府が公表した声明文で「日米物品貿易協定（TAG）」となっている個所は、Unitesd States-Japan Trade Agreement on goods となっており、使用されている大文字と小文字の関係性から言えば、goods はTrade Agreementと同格の位置にはないから、「物品貿易協定」と熟語的に翻訳することには無理があることがわかる。英語本文では「TAG」の略称も用いられてはいない。しかも、on goods の後には ,as well as on other key areas including services, と続いており、「物品」と「サービスを含めた他の重要な分野」を同格と捉えた表現になっていることがわかる。ここをごまかして、首相の従来の言動にぎりぎり合わせた翻訳文にするのだから、政府と官僚たちは、森友・加計問題で駆使した文書捏造技術にさらに磨きをかけるつもりなのだろう。

だが、この翻訳「技術」には既視感がある。一九九九年、新たな国際情勢の下で日米両政府が「防衛協力のための新ガイドライン」について協議していた。まとめられたガイドラインの正文（英語）と、政府から発表された日本語訳を読み合わせすると、微妙だが、明らかなズレが見られる。ふたつの文章は実際には厳密な対応関係にはなく、日本語文は、語る内容から「軍事色」を消すことに腐心していると私には思えた。いざ「周辺事態」が発生した時に自衛隊は米軍に「物品および役務を提供」する「後方支援」に従事することになるにもかかわらず、日本語文からは「戦争の匂い」が消えているのだ。この日米協議の場に出席していた防衛庁・陸幕調査部一等陸佐、山口昇氏（現在は防衛大学校教授で、「軍人スカラー」と呼ばれている）が公開の場で講演するというので、当時聞きに行った。氏の話を直接聞いても、ふたつのテキストを読んだ時と同じ感想を持ったので、私は「ガイドラインがまぎれもない戦争マニュアルであること」を隠そうとしているのではないか、と質問した。見解の相違で、そんなつもりはないと氏は断言した。だが、日本語文は英語正文からの翻訳ではなく、討論を経てふたつの言語で同時に起草したことは認めた。二国間の共同声明や協定が、こんなふうに処理される場合もあるようだ。現在の権力者たち（政府＋高級官僚）の論理と倫理の水準に照らして、今回の日米共同声明を厳しく解読すべきだろう。

『反天皇制運動 Alert』第二八号（通巻四一〇号、二〇一八年十月九日発行）掲載

東アジアにおける変革の動きと、停滞を続ける歴史認識

『JSA』と題された韓国映画が日本で公開されたのは二〇〇一年だった（パク・チャヌク監督、イ・ビョンホン、ソン・ガンホ主演。製作は前年の二〇〇〇年）。板門店の「共同警備区域」（Joint Security Area）で朝鮮人民軍の兵士が韓国軍兵士に射殺される事件を起点に、「許されざる」友情を育む南北の兵士たちの姿を描いた力作だった。見直さないと詳論はできないが、朝鮮国の兵士を独裁者の傀儡

としてではなく「人格をもつ」人間として描いたことから、映画は退役軍人を主とする韓国保守層から厳しい批判を受ける一方、若年層が朝鮮への親近感を深めるきっかけとなったという挿話が印象的だった。

そのＪＳＡの非武装化が、去る十月二十五日までに実現した。すべての武器と弾薬の撤収が完了したことを、南北の軍事当局と国連軍司令部が共同検証した。今後は、南北それぞれ三五人ほどの人員が武器を持たずに警備に当たるという。これらはすべて、去る九月十九日に当事者間で締結された「軍事分野合意書」に基づく措置だが、この全文は一読に値する。

→https://www.thekoreanpolitics.com/news/articleView.html?idxno=2683

四月二十七日の板門店宣言以降の五月間のうちに、軍事上の実務当事者同士が重ねた討議の質的な内容と速度とに驚くからである。それは、「無為に過ぎた」と敢えて言うべき以下の期間と対照させた時にはっきりする。ＪＳＡが設けられたのは、一九五三年七月二十七日の朝鮮戦争休戦協定によってだから、そこから数えると六十五年が経っている。朝鮮人民軍の兵士が米軍将校二人を殺害した一九七六年八月の事件以降、それまで非武装だった警備兵士たちが武装するようになった時から数えると、四十二年ぶりの非武装化ということになる。最後に、映画『ＪＳＡ』の製作年度との関連で言うなら、二十年近くを経て進行している事態である。いずれにせよ、人類が刻む歴史では無念にも、これだけの時間を費やさなければ根源的な変化は起こらない。それを繰り返して現在があるのだが、いったん事態が動き始めた時の速度には目を見張るものがある。十一月一日からは、陸・海・空の敵対行為も停止された。今後も困難を克服して、東アジア地域の平和安定化のための努力が実りをもたらすことを願う。

こう語る私の居心地の悪さは、どこから来るのか？　翻って私の住まう日本社会は、この平和安定化にいかに寄与しているかという問いに向き合わねばならず、現状では官民双方のレベルで、肯定的な答え方ができないからである。これまでも何度も指摘してきたが、二〇一八年度になって和平に向かって急速に流動化している朝鮮半島情勢に関して、日本政府や（時に）マスメディアが、この動きに警戒心を示し、ひどい時にはこれを妨害するかのごとき言動を行なってきていることは、誰の目にも明らかであろう。軍事力整備の強大化、自衛隊および在日米軍の基地新設・強化を推進している日本政府の政策路線からすれば、東アジア世界で進行する平和安定化傾向は「不都合な真実」に他ならないからである。

そこへ、新たな難題が生まれた。韓国最高裁が、一九三九年国家総動員法に基づく国民徴用令によって日本の工場に動員され働かせられた韓国人の元徴用工四人が新日鉄住金を相手に損害賠償を求めた訴訟の上告審で、個人の請求権を認めた控訴審判決を支持し、同社に賠償命令を下したからである。西欧起源の「国際法」なるものは西洋が実践した植民地主義を肯定する性格を持つとの捉え返しが世界的に行なわれている現状を理解しているはずもない日本国首相が「判決は国際法に照らして、あり得ない」と言えば、メディアとそこに登場する「識者」の多くも「国と国との約束である請求権協定を覆すなら」国家間関係の前提が壊れると悲鳴を上げている。敗戦後の日本社会が、東アジアに対する加害の事実に正面から向き合い、まっとうな謝罪・賠償・補償を行なってきたならば、そうも言えよう。現実には、加害の事実を「低く」見積り、あわよくばそれを否定しようとする勢力が官民を牛耳ってきた。その象徴というべき人物が首相の座に六年間も就いたままなのである。植民地支配をめぐる歴史認識の変化を主体的に受け止めるための努力を止めるわけにはいかない。

『反天皇制運動 Alert』第二九号（通巻四一一号、二〇一八年十一月六日発行）掲載

米国へ向かう移民の群に何を見るべきか——日本への警告

今から四十年以上も前、私は当時放浪していたラテンアメリカ地域で幾度も陸路の国境を越えた。多くの場合、或る国の出国手続きを税関で終えると、次の国の入国税関までは、牧歌的な野山の風景の中を何百メートルか歩くと、目的の建物へ着いた。大都市に直結する国際空港と違って、陸続きの国境はどの国にとっても「辺境」にあって、税関にも必要最小限の人員しか配置されておらず、出入国手続きを管理してさえいればいいのさ、という印象を受けた。税関職員も、その国が厳格な軍事政権下にない限りは人懐っこく、あれこれ冗談を言いながら、ゆったりと「職務」を果たすのだった。国境付近に住む人たちは、お互いに旅券なしで自由往来しながら、お互いの田畑で収穫した物の売り買いや物々交換をしていた。それは、「国境」なるものの人為性を思わせられる光景であって、したがって、大げさに言えば、国境なき／国家なき「類的共同体」の未来像を幻視できる現場でもあった。

だが、最初に越えた国境は違った。ロサンゼルスでしばらく過ごした後、本来の目的地であるメキシコへ陸路で向かった。サン・ディエゴでグレイハウンド・バスを降りて、何車線もの広い車道の脇を通って、米国の出国税関に入る。メキシコへ向かう米国人の車はぎっしりだが、旅人以外に歩いている者はいない。無機質というかビジネスライクというか、およそ人間味のない応対を受けて後、しばらく歩いてメキシコ側へ着く。饒舌な税関職員とのやり取りを終えて、税関の外に一足歩み出る

と、そこはカオスだ。荷物を持ってあげる、ホテルに案内するよ、タクシーに乗らないか、ピーナッツは要らないか、マンゴーだよ――ありとあらゆる声が掛かってくる。幼い子どもたちも多い。大丈夫、自分でやるし、今は要らない――と遮りつつ、こころは、なぜか、浮き立つ。人間臭いその雰囲気は、数週間過ごしたロサンゼルスのそれとはまったく違うのだ。メキシコ側の国境沿いのその町は、ティファナといった。見える景色、建物の様子、ひとの顔立ちも振舞い方も一変した。米国との貧富の差は、もちろん、歴然だ。メキシコを舞台にしたサム・ペキンパーの映画のシーンがいくつも目に浮かぶようだ。

それから四十五年、今この町には、主として中米ホンジュラスを出て米国への入国を目指す人びとが続々と詰めかけている。米国のトランプ大統領は、移住希望者の〈長征〉が始まるや否や、国境に軍隊を配備して入国を阻止すると豪語したが、数千キロの道を歩き続ける人びとは一様に「故国ではギャングによる殺人事件が多く、とても生きてはいられない」と語っている。他方、九千人もの移住希望者が一気に押し寄せてきて、治安・衛生管理などの面で不安を抱えたティファナの住民が「移民反対」の集会を開いたとか、国境の強行突破を試みた一部の人びとに対して、配備されている米国軍が催涙ガスを発射して撃退したとかのニュースも流れた。とうとうここまで来たか、と私は思った。

ホンジュラスといえば、二十世紀初頭から半世紀、米国のユナイテッド・フルーツ社が思うがままに支配した「バナナ共和国」の先駆けだ。対米輸出に圧倒的に頼らざるを得ないホンジュラスの歪な経済構造は、そこから生まれた。二十世紀後半の現代になっても、ラテンアメリカ地域は、大国と国際金融機関が主導するネオリベラリズム（新自由主義）の政策路線によって世界に先駆けて席捲されてきた。それは、貧しい第三世界諸国が、資産・所得の公平な再分配や福祉に重点を置いた社会改革政策を行なわないまま、市場原理を軸にした経済の自由化や規制緩和を押しつけられる路線だ。ネオリベラリズム路線は、その後先進国にも逆流して、日本でもとりわけ小泉・安倍政権下で推進され続けられてきているから、私たちも、企業に有利な労働条件・雇用形態の改定、福祉切り捨て、公共部門の廃止と民間「活力」の採用などの政策を通して、その破壊的な「猛威」を知っていよう。

この路線の下では、第三世界諸国の場合は、融資と引き換えに、国際収支の改善と債務返済を優先させられる。バナナやコーヒーの輸出で外貨を稼いでも、それは国内民衆に還元される以前に債務返済に充てられるのが条件だから、先進国に還流してしまう。その繰り返しだ。ホンジュラスでも、一九九〇〜九四年のラファエル・カジェーハス政権がこの路線を推進した。それ以外の時期でも、例えば、隣国のニカラグアやエルサルバドルが革命的な激動の時代を迎えていた七〇年代後半から八〇年代初頭においても、米国は自らに忠実なホンジュラス政権を都合よく利用した。ニカラグアに革命政権が成立した一九七九年以降は、ホンジュラスの米軍基地を強化し、北部国境から反革命部隊（「コントラ」と呼ばれた）を侵入させて、革命を潰そうとした（これは、ケン・ローチ監督が一九九六年に制作した映画『カルラの歌』に描かれているから、ご覧になった方もおられよう）。二〇〇六年、ホンジュラスには珍しくも、マヌエル・セラヤを大統領とする中道左派政権が成立すると、米国は右翼を支援して、二〇〇九年のクーデタでこれを倒してしまった。その後いかなる性格の政権が出来て現在に至っているかは、推して知るべし、だろう。総人口九二〇万人のうち貧困ライン以下の生活者は六〇〇万人を超えているという。対人口比の殺人事件発生率も世界一高い。それが、「移民キャラバン」に加わる人びとがいう暴力の根源なのだろう。

ジャーナリスト・工藤律子に、『マラスー暴力に支配される少年たち』と題するすぐれたルポルタージュがある（集英社、二〇一六年。現在、集英社文庫）。ホンジュラスの若者ギャング団「マラス」を取材した本書は、今回の事態を予見したかのような好著だ。工藤によれば、ホンジュラスでマラスの存在が表面化したのは一九九〇年代初頭である。新自由主義路線に忠実な、前記ラファエル・カジェーハス政権期に重なり合う。当時、米国はカリフォルニア州知事が、犯罪歴のある中米出身の若者たちを本国へ送還する追放策を実施していた。ホンジュラスにも三千人の若者が戻ってきた。

ラテン系住民がもともと多いカリフォルニア州では、一九二九年の世界恐慌以来、極貧状態・家庭崩壊・失業・雇用機会の欠如・低い教育水準・差別などの社会問題を背景に生まれた若者ギャング団が「脈々と」受け継がれている。米国の移民政策には、レタスの収穫期のような繁忙期になれば「不法」入国者であっても雇用し、閑散期になると国外追放するという一貫した路線がある。これでは、右に挙げた社会問題が一向に解決され得ないことは、容易に見てとれよう。故国に追放された三千人の若者の、ホンジュラス→米国→ホンジュラスという往還をめぐる物語は個別にあるには違いないが、背景には共通のものがあろう。追放された一九九〇年以降の時期にそれら若者の年齢が二十代から三十代であったと推定するなら、時代的には以下の共通の背景が考えられる。（1）米国政府と多国籍企業によるホンジュラスの政治・経済・社会の全的支配、それは同国の「国家主権」を侵すほどの水準だろうが、国内には米国に癒着してこそ利益が得られる一部寡頭階級が伝統的に形成されていよう。（2）若者たちは、その体制の下では仕事がないからこそいったん米国へ出たのだが、故国に戻っても、政権が追従している、社会的格差を是正する政策を欠いた新自由主義路線の下にあっては、働き口は容易には見つからなかっただろう。（3）社会の最下層に押し込まれた人びとが摑まされている、底辺に澱のように、しかも重層的に積み重なった「マイナスのカード」をひっくり返すのは容易なことではない。(4) ニカラグア革命を潰す「コントラ」戦争への加担を強いられる中で、圧倒的な軍事力を誇る超大国の「価値観」を多かれ少なかれ刷り込まれただろう。米国が、自分の国(ホンジュラス)に設置した軍事基地を最大限に活用して、他民族(ニカラグア)の土地で発動する「低強度戦争」を見て育った彼らは、超大国が「敵」にふるう有無を言わせぬ暴力の「価値」を、哀しくも、内面化し身体化せざるを得なかったかもしれない。

他にも共通の背景を挙げることはできようが、これで十分だろう。政治の任に当たる国内政治家とそれを支える外部勢力が、そこに生きる人びとがまっとうに生きることのできる条件を整備するどころか真逆の政策を採用し、それによって一部の者たち(外部の超大国と国際金融機関、および国内の少数支配層とその取り巻き連中)の手に富を集中させ、その路線を実現するために必要とあらば躊躇うことなく暴力(戦争)をふるう——これこそが、幼かった/少年だった/青年になりかけていた彼らが見せつけられ、身に染みて体験した世の中の現実だった。彼らが仕事を求めて行き着いたロサンゼルスで、またホンジュラスは首都のテグシガルパに送還されて、個人や集団(マラス)のレベルで、かの国家に似せたふるまいをしたところで、いったい誰がそれを非難できよう?

歴史的に見て、古今東西南北、「国家(＝政府)」の側がこのような自らの所業について反省し、生き直すことはきわめて稀だ。ホンジュラスに対して一世紀以上にもわたって、右に見たような不正常な関係を一方的に押しつけてきた米国の現大統領の発言は、そのことを一点の曇りもなく証明している。だが、工藤の書『マラス』は、かつてこの集団に属して乱暴狼藉の限りを尽くしていた元若者が、その後送っている別な人生の在り方を、最終章「変革」で描いている。その前の章では「マラスの悲しみ」も描かれていて、「生まれつきのマラス」ではあり得ない人間の変革可能性が暗示されている。

ホンジュラスを出発した「移民キャラバン」の因果の関係をいくらか長く述べてきたのは、ほかでもない、「移民問題」に関わって日本の現状を対象化するために、である。排外主義的な本質を陰に陽に見せつけてきた安倍政権は、二〇一八年六月、いわゆる「骨太の方針2018」を閣議決定し、新たな外国人労働者受入れ制度の創設を表明した。外国人労働者の導入は、安倍政権の支持基盤である排外主義的右翼層の離反を招きかねない「危険な」政策である。法務省が「出入国管理及び難民認定法及び法務省設置法の一部を改正する法律案の骨子について」を公表したのは十月十二日のことだった。衆議院での審議入りは十一月十三日、それから二週間有余の現在（十二月一日）、政府はろくな答弁もできないままに衆議院を強行通過させ、審議は参議院に回されている。審議が深まって、いろいろな現実があからさまになっては困るのだろう。外国人労働者を「雇用の調整弁」としか考えていない政府・企業・社会の現状では、移民受け入れの長い歴史の果てに現在がある米国とも違う深刻な問題を私たちは抱えることになるだろう。今ですら、食い物にされてきた実習生や性産業に働く女性たちの怨嗟の叫び声が、この社会の片隅には充満しているのだ。「偏見」が商売になり、政治家の嘘なぞには誰も関心を寄せなくなったこの社会には……。

『反天皇制運動 Alert』第三〇号（通巻四一二号、二〇一八年十二月四日発行）掲載

第二章

歴史を掘り下げる

「レイバーネット日本」は、資本が主導するグローバル化に抗して、働く者同士が国境を超えた情報ネットワークを形成する活動を担うために2001年に設立された→http://www.labornetjp.org　日本のサイトからも、中韓米英仏独墺、トルコなどのレイバーネット・サイトが閲覧できる。「日本から世界から　はたらくものの　情報ネットワーク」という課題を担って、TVプロジェクト、レイバー映画祭、社会・労働運動の取材と報告、ウェブマガジンの運営などを行なっている。「領土問題」「北朝鮮ミサイル問題」「死刑について」のTV番組に出演してのち、ウェブマガジンでの時評連載を打診され、引き受けた。2017年7月から「太田昌国のコラム　サザンクロス」として連載されている。「サザンクロス＝南十字星」の命名は、同編集部による。一時期、「月＝2回」と請われたが、続けられず、月1回アップしている。2017年12月で第26回目。今後も続く予定である。

二十世紀末以降の歴史的逆流の只中で

戦後史の幅をほぼ同時代として生きてきた。幼すぎた戦後直後の時代の記憶はほとんどないとしても、一九五〇年代半ば以降の記憶は、まだら状はあっても、ある程度残っている。十歳のとき遭遇したスターリンの死（一九五三年三月）からは、社会主義はなんとなく良い社会のはずなのに、ソ連という国はどこか暗いなあ、という感想をぼんやりと持った。テレビのない時代だから、ラジオ・ニュースや「国際欄」も少なめの薄い新聞、それに年に一度買ってもらった「子ども年鑑」などからの印象だったのかもしれぬ。「ソ連のスパイ」として電気椅子で処刑された、米国のローゼンバーグ夫妻のニュース（一九五三年六月）もあって、真偽のほどは別としても、ともに「大国」であるソ連と米国が持つ「暗さ」は、幼いながら、気がかりだった。それ以降の六十年を生きてみると、「大国」とは本当に、自己の利害を賭けた好き勝手なふるまいをして、それが許されるのが世界の秩序なのだということが骨身に沁みてわかることになる。「大国」の一つである米国が敗戦後の日本に有する軍事基地において、生活費の足しに薬莢拾いをしていた女性が、米兵に手招きされたのち射殺されたニュース（一九五七年、群馬県相馬が原演習地）に接すると、「まるで植民地みたいだ」と思ったりもした。「植民地」の現実を、実際には知らぬままに。

中学から高校にかけての十代後半のころ、キューバの革命（一九五九年）、アルジェリアの反植民地主義闘争（一九五〇年代後半〜一九六二年）、アフリカ諸国の独立運動（一九六〇年前後）の息吹に、新聞や書物で触れた。韓国でも李承晩体制を倒す「四月学生革命」（一九六〇年）があった。それまで中学や高校で教わってきたのは、「米ソ対立」も含めて、ヨーロッパ中心主義の歴史観に基づいた世界史だった。そこには影形も見えなかった「アジア・アフリカ・ラテンアメリカ」地域が、新しい歴史を切り開く主体として登場していることに、新鮮な驚きをおぼえ、関心を掻き立てられた。そのころは「南北問題」という視点はなかった。「後進国」という呼称が当時は一般的だったが、その地域で何かが胎動している――深くはわからぬまでも、そのことに若い胸は沸き立った。

かくして、一九六〇年代から七〇年代にかけて、「南」の地域における革命や独立に向けての闘争の「高揚」は確かにあった。その意義を自覚すること――それは、アジアで唯一、近隣諸国を蹂躙する植民地主義支配と侵略戦争を実践する国となった日本の近現代史を振り返るうえでも有効な働きをするだろうと考えた。

だが、人類史は、単純で素朴な「進歩」・「発達」史観で歩むわけではない――二十世紀末以降今日まで続く歴史的逆流から、私たちはそのことを痛いほど学びつつある。社会主義体制が消え、「南」の攻勢も大きな壁に突き当たり、市場原理を唯一神とする資本主義が世界を制覇しているかに見える現状の中で、世界と日本が直面する問題を手探りで考えるコラムを始める。

（第一回　二〇一七年七月十日）

「反日的な」歴史教科書への攻撃

八月九日付け毎日新聞朝刊に『「反日教科書」執拗抗議　慰安婦言及本採択で』という見出しが付

された記事が載った。現職教員と元教員が研究を重ねて著した中学歴史教科書『ともに学ぶ人間の歴史』は二〇一五年度の教科書検定を通り、「学び舎」から発行された。数十校で採用されたという。同書では、一九九三年の河野官房長官談話が紹介されている。慰安婦の管理と慰安所の設置などに旧日本軍が関与し、強制的だったと政府が公式に認めて謝罪した談話である。

この政府見解に基づいて、四年後の一九九七年度の教科書では、すべてが慰安婦に関する記述を加えた。だが、これを攻撃する「新しい歴史教科書をつくる会」の動きが激しくなり、二〇一二年度版では関連する記述をもつ教科書が一社のみになった。「学び舎」の教科書は、この状況下で抵抗線を引こうとしたのである。産経新聞がこの教科書を批判したことを機に、自民党の地方議員が採用校に圧力をかけると同時に、画一スタイルの抗議はがきが殺到するという、おなじみのパターンである。

この記事を読みながら思い出したことがある。私は一九九〇年前後に、歴史修正主義的な考え方がこの社会に急速に浸透する状況に危機感をおぼえ、その背景と実体を知るために、『諸君！』（文藝春秋）や『正論』（産経新聞社）などのいわゆる右翼雑誌を熱心に読み、これを批判するコラムを書き続けていた。なかでも印象的な連載記事は、『正論』の「NHKウオッチング」だった。筆者は、獨協大学の中村粲（一九三四〜二〇一〇）。連載は一九九六年六月号に始まり、中村の死の直前まで続いた。同氏は学生を引き連れて靖国神社に参拝するなどの「奇行」も敢えてするような、筋金入りの人物である。ここでは、日々のNHKの番組に「反日的な」匂いを嗅ぎつけると、これを徹底批判するとともに、後日群れをなして渋谷区神南のNHKに押しかけ、周辺で抗議行動を行ない、場合によっては担当者や責任者との面会を要求して「糾弾」した様子が事細かく報告されていた。「恐いもの知らずの」職業右翼が先頭にいたようだ。はても奇矯なことをする人もいるものだ——私は「現実的な」危機感も持たずに、このひと握りの極右の言動を、この時点では、重要視はしなかった。十年に経たぬうちに、第一次安倍晋三政権が成立し(二〇〇六年)、これに刺激を受けて在特会も公然と登場して(二〇〇七年)、極右が社会の真ん中に位置する時代が来た。

それからさらに十年——数日前、品川駅の東海道線プラットフォームにいた。何か飲み物を買おうと思って、売店に入った。週刊誌が居並ぶラックの一番手前に、月刊誌『WiLL』が鎮座していた。売れ行き好調品だけが選ばれているあの狭い空間に! いずれここに『月刊Hanada』だの『正論』だのも居並ぶ光景を、私は幻視した。かつて読んだ、戦争中の新聞や雑誌がどんな言葉とグラビアで読者の「戦意」を煽り立てたかを語った本を思い出し、あらためて、この時代と相渉り合う方法を編み出さなければ、と思った。

(第二回 二〇一七年八月十日)

二十一世紀初頭の九月に起こったふたつの出来事

思い起こしてみれば、新しい世紀＝二十一世紀の冒頭で、いずれも九月に起こったふたつの出来事が、今日にまで至るその後の世界の在り方を規定した。まず、二〇〇一年九月十一日には、米国の経済と軍事の中枢の建物に、民間機をハイジャックした若者たちが自爆攻撃を行なった。他国の領土では絶えず戦争を仕掛けてはきたが、自国本土が戦場になった経験をもたない米国は、三、〇〇〇人以上の犠牲者を生んだこの攻撃を「戦争」と捉えた。攻撃主体はどこかの国の軍隊(国軍)でもなかったが、彼らを匿ってきたのはアフガニスタンだと決めつけて、この小国に「反テロ戦争」なる新しい形の戦争を仕掛けた。

戦争とは「国家テロ」の発動にほかならないと私は考えている。「戦争」を「テロリズム」の範疇に入れるこの考え方は、無念にも、世の中の常識とはなっていない。かくして世間では、無人機爆撃も含めていったい何十万人の人びとを殺したのかもわからない「反テロ戦争」と、いわゆるテロリストが行なう「卑劣な殺戮行為」の間に万里の長城を築き、前者を意識的にか無意識的にか肯定し、後者は口を極めて非難する言動がまかり通ることになる。だが、バルセロナにおける今回の恐るべき出来事は、十六年前に米国が始めた「反テロ戦争」の延長上に〈不可避的に〉現われたことでしかない。つまり、両者には「因果の関係」があるのだ、と私は思う。

現在の悲劇的な現実は、「テロ」と「戦争」の絶えざる応酬によって生まれている。「戦争」によって「テロ」をなくすという夢物語は破綻を来して久しいのに、米国政府は去る八月二十一日、アフガニスタン駐留軍の増派を決定した。戦争に次ぐ戦争が刻み込まれている米国史にあっても、十六年間も続けた戦争はない。「反テロ戦争」はこのままでは、来る十月には十七年目に入ることになる。アラブ世界を軸にしつつも世界じゅうを、これほどまでの戦火と混乱の中に叩き込みながら。「反テロ戦争」なるものの欺瞞性に気づき、戦争とテロの双方を廃絶するという強固な決意に基づいた思想と行動が世界各地に生まれ、力強く成長しない限り、現在の悲劇に終わりの時は来ないのだ。

もうひとつの出来事は、翌年二〇〇二年の九月十七日に行なわれた日朝首脳会談である。会談後発表された平壌宣言は、「双方は、朝鮮半島の核問題の包括的な解決のため、関連するすべての国際的合意を遵守することを確認」し、朝鮮国は「この宣言の精神に従い、ミサイル発射のモラトリアムを二〇〇三年以降も更に延長していく意向を表明した」とした。日朝国交正常化が成り、日本の対朝鮮経済協力が実現するなら、その先には同時に、朝鮮国が核・ミサイル開発を断念する未来が見えていたのである。それから十五年後の現在の状況はどうか。不思議なことに、この日本では、瀬戸際の緊張感を利用して防空頭巾でミサイルから身を守りバケツリレーで飲料水を確保する戯画的な避難訓練をやらせる政治が横行している。朝鮮政府の態度にも問題はあるが、「外敵」を前に人びとの不安を煽るばかりである。そして米朝関係は、まさにこの核・ミサイル問題をめぐって、ふたりの独裁的な政治指導者が発する挑発的な言辞によって、緊張している。世界各地から、この危機的な東アジア情勢を危ぶむ声が上がっている。「朝鮮危機」はそれほどの「世界性」を帯びてしまった。

このような事態を招いた主要な原因は、平壌宣言を貫く国交正常化と核問題解決の精神を骨抜きにし、拉致問題だけの優先解決を謳う安倍晋三路線にある。拉致という国家犯罪がいかに許されざることであるとしても、外交交渉における物事の軽重を計る知恵すら持ち合わせていない政治家が長く君臨し続けることの不幸に、(繰り返し言うが、これは世界全体を巻き込んでいる危機なのだ)私たちは気づくべき秋だろう。

(第三回　二〇一七年八月二十五日)

米軍の在外兵力の現状から見えてくるもの

二〇一六年九月段階での米軍の在外兵力の実態が発表された。米調査機関ピュー・リサーチ・センターが米国防総省の統計資料を集計し、発表したものだ。

（これを私は八月二十七日付けの「しんぶん赤旗」で知ったのだが、ネット上で検索すると、以下のサイトに行き着いた。原文で詳しく読みたい方は、以下を参照していただきたい。）→http://www.pewresearch.org/fact-tank/2017/08/22/u-s-active-duty-military-presence-overseas-is-at-its-smallest-in-decades/

いくつかの重要なことが明らかにされている。二つにまとめてみる。

（A）二〇一六年の米陸海空・海兵隊の現役兵士数はおよそ一三〇万人で、うち一五％に当たる一九万三、四四二人が国外に展開している。統計データが残っているのは一九五七年以降だが、過去六十年間で最少の水準となった。グラフを見ると、在外兵力が最も多かったのは一九六八年で、実に一〇万人、うち五四万人がベトナムに展開していた。米国がベトナム戦争で敗北して以降の一九七〇年代中盤から在外兵力は五〇万人前後に急落している。一九九〇年代半ばからはさらに二〇数万人から三〇万数人に減少しているが、「反テロ戦争」の最中にはイラクに二二万人（二〇〇七年）、アフガニスタンに八万人（二〇一一年）が駐留している。

（B）米軍の在外兵力を国別にみてみる。（1）日本（三八、八一八人）、（2）ドイツ（三四、六〇二人）、（3）韓国（二四、一八九人）、（4）イタリア（一二、〇八八人）、（5）アフガニスタン（九、〇二三人）（6）英国（八、三六五人）、（7）クウェート（五、八一八人）、（8）バーレーン（五、二八四人）、（9）イラク（四、六二六人）（10）スペイン（三、二七二人）

＊右記ホームページより

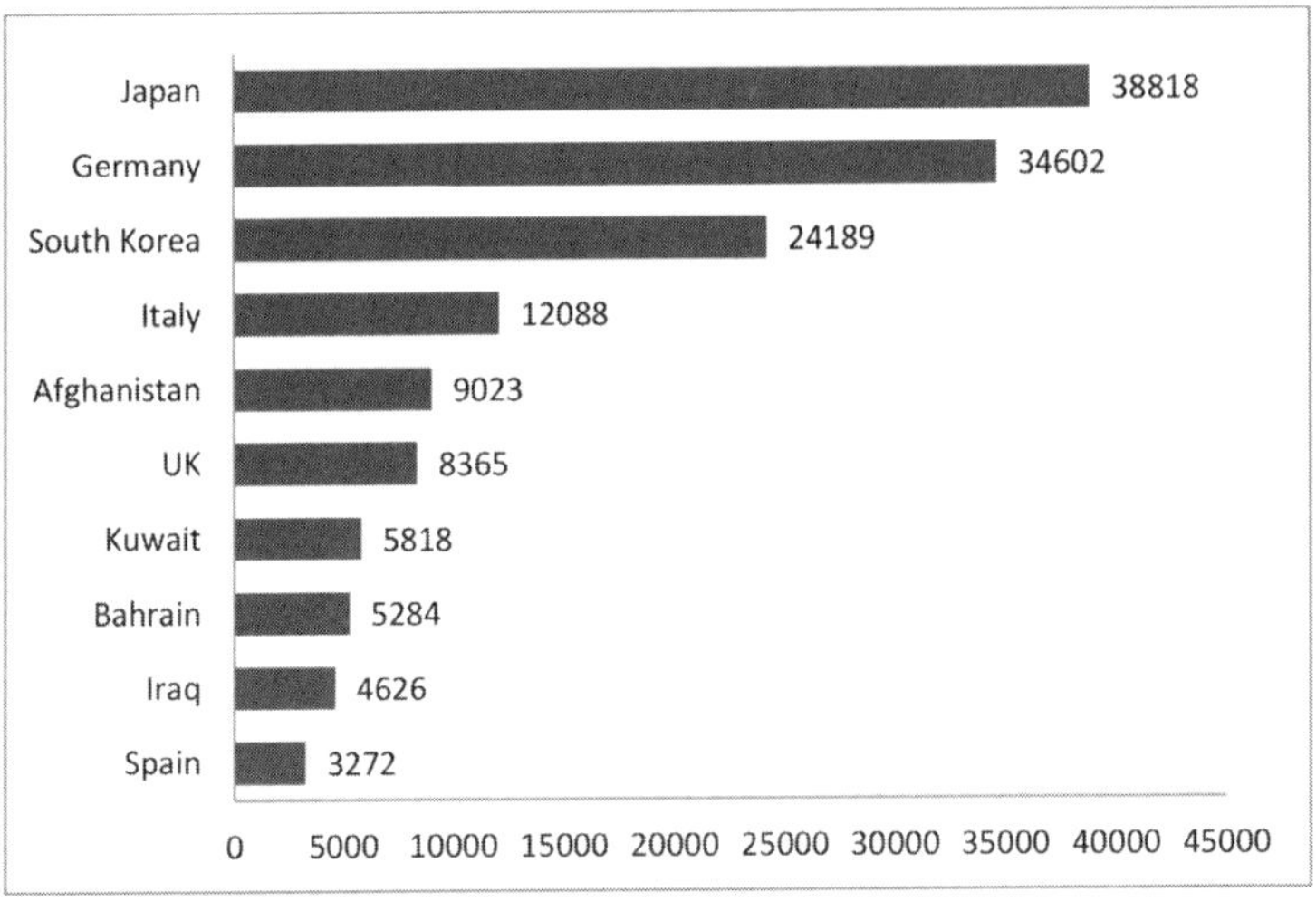

以上のデータから、次のことがわかる。米ソの対立構造、いわゆる冷戦体制が一九九〇年前後に終結して以降、米軍の海外基地は明らかに縮小傾向にある。その中にあって、日本においてはそれが一向に減らず、逆に沖縄辺野古での新基地建設に象徴されるような基地強化の動きがある。それは、米軍駐留経費の七割を負担する「思いやり予算」や米軍に多大な特権を保証している日米地位協定など、世界でもめずらしい「便宜」が米軍に与えられているからに違いない。

日韓合わせた駐留米軍兵士数が、全体の三分の一に及ぶことも注目に値しよう。巷間言われる「朝鮮半島危機」をどのような視点から捉えるべきか、示唆するところは多い。第二次世界大戦の「戦勝国」としての米国が、「敵国」であった日独伊の三ヵ国に、戦後七十二年が経った今も広大な基地を維持していること、駐留兵士数は三ヵ国合わせて全体の四〇%以上を占めることにも注意を払いたい。ここには「戦利品」を決して手放さず、徹底してこれを自国の利益のために活用するという、米国の強い意志が表われている。ここで視野を広げて、キューバのグアンタナモ米軍基地の占有状態も、革命後のキューバ政府による返還要求を無視して、一九〇三年以来一一四年の長きにわたることも思い起こせば、超大国のふるまい方の横暴さがよりいっそう浮かび上がるだろう。

日本が軍事同盟を結び、「国家主権」を蔑ろにしてまで軍事基地を提供している相手国は、このような価値観を持つ国である。この国の大統領は、朝鮮国の核・ミサイル開発の進展状況を知って、「日本と韓国が米国から高性能の重装備品を大量に購入することを認めるつもりだ」と述べた（九月五日）。日本政府もこの機に乗じて、イージス艦の陸上版システム「イージス・アショア」の購入や「敵基地攻撃能力」の保有などを公然と語り始めている。

「米国第一」を呼号しつつも、地球規模の（グローバルな）構想で世界支配を目論む米国と、それと運命共同体であり続けようとする日本政府の策動を前に、私たちにも「東アジア」と「世界」の歴史と現実を射抜いた視点が必要である。

付記：米軍基地のありようを世界的な規模で見た場合、どのような実態が現われるかについては、林博史『米軍基地の歴史——世界ネットワークの形成と展開』（吉川弘文館、二〇一二年）が詳しい。

（第四回　二〇一七年九月十日）

災害時の、無償の救助行為が意味するもの

メキシコが、この九月に二度にわたって大地震に見舞われた。一度目は九月七日、南部のオアハカ州を震源地として起こった。マチスモ（男性優位）の伝統が貫徹しているメキシコ社会にあって、母系制社会の原理が生きているユニークな街、フチタンが壊滅的被害を受けたと伝えられた。一九九四年に反グローバリズムの旗印の下に蜂起して、二十三年後の今も自主管理区を維持しているサパティスタ民族解放軍がいるチアパス州の一部にも被害は及んだというが、サパティスタ地域は大きな被害を免れた、と現地の友人は伝えてきている。

続いて九月十九日には、首都メキシコ市が大きく揺れ、被害も大きかった。いまだその全容は見えていない。奇しくもこの日は、首都を中心に一万人もの死者を出した一九八五年の地震が起こった日と同じ日だった。この日、地震が起こる数時間前まで、地震からの避難訓練を行なっていた地区もあったというから、三十二年前の悲劇はいまだに人びとの記憶に残り続けているのだろう。

私は二つの点で、このメキシコ地震の記憶が頭に刻み込まれている。時空を超えて、現在の教訓にもなるようだ。一つは、漫画家・サトウサンペイの朝日新聞連載漫画「フジ三太郎」である。当時、日本政府は一二五万ドルの緊急援助金をメキシコに送った。だが、フランスが派遣した救助犬のように、テレビの「絵」になる援助方法は大きく扱われるが、日本のそれは影が薄いとの報道があった。漫画の主人公はその新聞記事を読んで、怒っている。思いついたのは、ロサンゼルスからメキシコ市へ至る道順を使って大名行列を行なうというPR方法である。先頭の侍は「一二五万ドル」と大書した横断幕を広げている。沿道には、ソンブレロをかぶり、日の丸の小旗を打ち振るメキシコ人が詰めかけて、日本からの援助を歓迎している……。

サトウサンペイの漫画は、一九六〇年代にあっては、小市民の日常生活の中にあるささやかな楽しみ、滑稽さ、狡さ、哀しみなどを機知に富んだユーモアで描いて、クスリと笑わせるものがあった。八〇年代半ばのこの漫画には、あの時代の特徴としての拝金主義・大国主義・民族排外主義があふれ出ているばかりであった。それは、ひとりサトウサンペイにのみ現われていたのではなかった。地震学者や地震予知センター研究員たちの多くは、「後進国」メキシコの建築水準の甘さや技術水準の低さを語り、もって「先進国」日本の安全性を強調して、読者や視聴者の大国意識をくすぐった。果たして、結果はどうだったのか。私たちの社会はその後、一九九五年と二〇一一年の大地震はもとより、その他の地域でも起こり続けている複数の大地震や津波、大雨を通して、「先進文明」の脆さも、里山・山間・河川地域の危険性も十分に経験しつくして、現在を生きている。

二つ目は、かのメキシコ大地震の際に発揮された民衆の連帯行為に注目した記憶が蘇る。被災現場の近所の住民、学生、医師、看護婦、貧しい労働者が自発的に駆け付けた。瓦礫の山のトンネル掘りには鉱山労働者がやってきた——いまは世界中どこであっても災害直後から現われる、民衆自身によるこの自発的な救援活動は、私の記憶では、この時のメキシコの動きがとりわけ目立った。それは、中央政府の怠慢や無力さを再確認する契機ともなって、民衆運動が自律性を高めることに繋がった。

カナダの作家、ナオミ・クラインは、他人の不幸を利益チャンスに変える惨事便乗型資本主義の本質を『ショック・ドクトリン』(上下)で活写した(岩波書店、二〇一一年)。一方、米国の作家、レベッカ・ソルニットは『災害ユートピア』(亜紀書房、二〇一〇年)において、八五年メキシコ地震の経験にも触れながら、災害時に無償の救助行為に駆け付ける人びとによって形成される「特別な共同体」に注目している。

起こってしまった悲劇から復興しようとする動きのひとつが、ひとがもつ〈類的共同性〉への志向に根差していることに目を凝らしたい。

（第五回　二〇一七年九月二十五日）

或る妄想——チェ・ゲバラが死刑囚だったら

去る十月七日、私も運営会に関わる「死刑廃止のための大道寺幸子・赤堀政夫基金」が主催する「死刑囚表現展」は十三回目を迎えた。公開シンポジウムの司会を務めながら、ああ、今日は、チェ・ゲバラがボリビア政府軍との戦いで負傷して捕らえられてから五十年目の日だな、と思った。そして、唐突にも、こうも思った——捕らえられたチェ・ゲバラが二日後の十月九日に銃殺されずに、起訴され、裁判にかけられたならば、死刑囚になっていただろうか。そして、ボリビアの司法当局があるとき、チェ・ゲバラの死刑執行が近いと示唆したならば、国際的にどんな反響が起こっただろうか、と（正確には、十月七日は『ゲバラ日記』が記された最後の日であり、負傷し捕えられたのは十月八日である。）。

ゲバラの『ボリビア日記』の一九六七年三月二十一日には、次の記述がある。「私はサルトルとバートランド・ラッセルに手紙を書いて、ボリビア解放運動支援の国際基金を創設してくれるよう頼まなければならない」。想像するに、「死刑囚」チェ・ゲバラをめぐって、国際的に大変な議論が沸き起こったに違いない。或る国の政府を打倒するために、外国人が密かに入国し、同国の若者たちを扇動し、共に武器を取ってゲリラ戦争を展開する。その過程で、対峙した政府軍兵士を死傷させる——裁判での争点はいくつも浮かび上がる。一九三〇年代後半、フランコが指揮するファシスト軍と戦うために世界各地から「国際旅団」が駆け付けたスペイン戦争が参照されるかもしれない。一九五〇年代、朝鮮戦争において共和国側に加担して参戦した中国人民解放軍の例も挙げられるかもしれない。加えて、チェ・ゲバラは、論理の構築に長け、しかも文章家である。獄中から発する手紙やメッセージは、大きな反響を呼んだことだろう。

こう考えると、ボリビア政府が大統領の指令で、裁判なしでチェ・ゲバラを処刑したことは、彼らにしてみれば「合理的な」判断だったのだろう。チェ・ゲバラの「捕獲作戦」に関わった元CIAのスパイで、キューバ人のフェリックス・ロドリゲス（マイアミ在住）は、「CIAはチェを生かしておいて尋問することを希望したが、ボリビア政府がこれを退けて処刑した」と語っている（スペイン紙「エル・パイース」二〇一七年十月八日）。

さて、現実には起こり得なかった五十年前のことを、敢えて想像をたくましゅうしてみたというのも、「死刑囚の表現」がもち得る力が、私の頭から離れないからである。死刑囚の多くは、冤罪の場合であってすら、人間関係をほぼ絶たれることが多い。面会や文通ができる相手は、「恵まれた」場合でも弁護人を含めて六〜七人である。人間関係、つまり精神的な交通を断ち切られたところで、自らが犯した事件を悔い、内省の歩みを記すこと、冤罪の場合には、自らが強いられている理不尽な境遇を訴えること、事件を離れて、想世界にあそぶこと——それは、いずれも難しい。「死刑囚表現展」はそこに楔を打ち込みたいと思って創設した。

去る五月に獄死した確定死刑囚・大道寺将司君の母親、幸子さんは二〇〇四年に亡くなった。いくばくかのお金が遺った。晩年、死刑制度の廃止を願って、多くの死刑囚との交流を続けた幸子さんの遺志を汲み、それを死刑制度廃止の運動に役立てようと考えて、「基金」は生まれた。死刑囚表現展は、その一活動である。死刑囚が詩作する。短歌や俳句を詠む。自らが関わった事件を振り返る。極端に限られた素材で、絵を描く。貧しかった子ども時代には叶わなかった願いを、画面いっぱいに描く。着古した作務衣を出品する。「コム・デ・ギャルソンみたい」と言った人がいた。

十三回の歴史を積み重ねて、死刑囚の表現は、次第に社会に露出してきた。罪と罰をめぐって、償いと赦しをめぐって、悔悟と新生をめぐって、秘密のベールに覆い隠されている死刑という制度をめぐって――さまざまな対話が始まっている。

（第六回　二〇一七年十月十日）

日の丸の旗が林立する前での「総理演説」

一人ひとりが持つ日の丸の旗を高く掲げたデモ行進の隊列は、私には見慣れたものとなった。何百人もの人がその隊列には加わっている。その人びとが、東京・九段下の大交差点の随所に陣取って、日の丸の旗や旭日旗をはためかせている光景も、また。

この人たちは、ここ何年来になるか、例年八月十五日になると決まって、このような行動を取る。九段には、敗戦記念日のこの日「全国戦没者追悼式」が天皇・皇后も列席して開かれる武道館がある。この式典に参加する全国各地の戦没者「遺族」が、前日から泊りがけで上京し、「英霊」として祀られている親族にお参りする靖国神社も、ここにある。

他方、この日には、この追悼行事の在り方を批判し、これに抗議する集会とデモ行進も行なわれる。靖国神社が、アジア・太平洋侵略戦争に参画した旧大日本帝国軍軍人を「英霊」として祀ることは、侵略戦争の歴史を反省していないことの端的な表われであり、また歴代天皇がこの式典で発する「お言葉」の内容は、自らが担うべき戦争責任を蔑ろにするふるまいであると批判する観点からの行動である。日の丸部隊は、後者のデモ隊列が九段下交差点に差しかかり、ここを通過していくのを「迎え撃つ」ために待機しているのである。デモ隊に罵声を浴びせ、空き缶などのさまざまなものを投げつけるために……。私自身が、例年このデモ隊列の中にいるので、日の丸を掲げた部隊が「見慣れた」光景になっているのだ。

いくらか少な目になってきているとはいえ、いまだに各地で行なわれている「ヘイト（憎悪）デモ」の参加者の中でも、日の丸や旭日旗が揺れている。二〇〇九年、拉致被害者家族会の元事務局長・蓮池透さんと対談したとき、彼が語ったことがある。ある日、拉致問題の早期解決を訴えるデモの隊列にどんな人が参加しているかを見るために隊列の最後尾の方へ行くと、軍服姿の人やゲートルを巻いた人、日章旗を振りかざす人などがいて、とんでもないことになっていることが分かった、と。それは、やがて、或る政治目的をもつ人びとが牛耳る「拉致被害者を救う会」への疑問が、蓮池氏のこころに宿るきっかけの一つともなるのである（この対談は、蓮池透＋太田昌国＝著『拉致対論』として刊行されている。太田出版、二〇〇九年）。

これらの事実の積み重ねの上に、二〇一七年十月二十一日（土）夜の、秋葉原駅前の光景を重ね合わせてみる。私は現場へ行っていないので、ネット上の報告文や動画に基づいての発言である。日の丸の旗の行列が整然と秋葉原駅前へ向かう。駅前を埋め尽くす。五、〇〇〇人はいたという。そこへ衆院選最終演説のために「安倍総理」がやってくる。「安倍総理　頑張れ」の横断幕。TV局を名指した「おい、偏向報道は犯罪なんだよ！」のプラカード。集まった人心を鼓舞する勇壮な曲も掛かる。準備万端整ってから、「総理の演説」が始まる……。「ここに朝鮮人がいたらやばいな」。若者が囁くこの言葉は、朝鮮人のことを心配しているのではない、ここの雰囲気に同調して、面白がってこそ出てきたもののようだ。

フランス、オーストリア、オランダ、チェコetc.――外国に関してなら、この日本でも、「極右勢力の台頭」という顕著なる現象が話題となる昨今だが、客観的に言えば、投票日前夜のこの秋葉原駅前の光景こそが、社会の草の根においても、国政の頂点においても、「日本に極右台頭」の現実を映し出しているのである。冒頭から言うように、これは、私には心ならずも見慣れた光景だった。今回の選挙結果を経て、これまでとも隔絶した、見たこともないような風景が、この社会には立ち現れるのかもしれない。今夜わたしは、石川淳の『マルスの歌』、魯迅の『狂人日記』『阿Q正伝』などの短・中編を再読して、来るべき、名づけようのない時代を生きる道を探ろう。

（第七回　二〇一七年十月二十五日）

妻たちに「平和」と書かせ武器売買

妻たちに「平和」と書かせ武器売買（北海道　島田礼子）。十一月八日付けの「朝日川柳」に採用された作品である。最近の政治ニュースは、見聞きするに堪えないので、テレビ・ラジオ・新聞に熱心に接するわけでもない。これではいけない、世の中で何が進行しているか分からなくなる、しかもこのような時評を随所で書いているのに――とは思うものの、ニュースの内容自体も、その報道ぶりも、異常なまでに堪え難い。ニュースをいっさい拒絶したいと思うのは、この異常事態に馴らされるものかという、ある意味ではまともな心身反応なのではないかと思えてくる。そんな私でも、米日首脳の妻たちが都内の小学校を訪れ、子どもたちと一緒に習字を楽しんで、その挙句に「平和」という漢字を半紙に書いてみせたという「出来事」くらいは耳目に入る。

他方、ゴルフと会食三昧の合間に「会談」も行なったという男たちは、記者会見の場でそれぞれ次のように語っている。

•米国大統領――「日本国首相は米国から大量の防衛装備を購入するようになるだろう。そうすれば、ミサイルを上空で撃ち落とせる。米国から買えば米国で多くの雇用が生まれ、日本はヨリ安全になるだろう。」

•日本国首相――「日本の防衛力を質的にも量的にも拡充していきたい。米国からさらに購入していくことになるだろう。」（十一月七日付け「毎日新聞」の「要旨」に基づく）

なるほど、冒頭に掲げた川柳が裡に秘める風刺と怒りは、よほどのものに違いない。

背後にある事態を、もう少し見ておこう。大統領が記者会見でも言及した最新鋭ステルス戦闘機F35Aは、十一月七日、沖縄・嘉手納米軍基地で記者団に公開された。米軍は、二〇四〇年代までには大半の戦闘機を、この「史上最も高価な戦闘機」に置き換えるが、総数は二、四五六機に上るという。十数ヵ国におよぶ「同盟国」も今後導入を予定しており、日本は中期防衛力整備計画で二八機分の調達経費を計上し、最終的には四二機の取得を目指すとしている。調達価格は一機約一四七億円で、米国内の価格より四〇億円高くなっている（十一月八日付け『しんぶん赤旗』による）。

「武器商人」の計算高さは、並みのものではない。二〇一二年に発足した第二次安倍政権下では、軍事費は毎年平均二％前後の伸びをみせており、二〇一六年からは総額五兆円を超えている。この伸びの要因の一つが、米国製兵器の大量購入にあるというからくりを見抜いておきたい。これは、米国からの有償軍事援助（ＦＭＳ）に基づいてなされているが、ＦＭＳとはForeign Military Salesの略称であり、文字通り、「対外的に武器をセールスする」ためのものである。製造会社と輸入国の間に米国防総省が仲介に入る武器輸出方式だから、いわば官民挙げて「武器商人」と化する国策的な仕掛けである。ここでは、米国の意向で価格も納期も決まるというから、売り手にとってこれほどよい商売は、ない。

政治ニュースに心を閉ざしつつも、こんな状況だけは把握していたところ、この「武器商人国家」から、新たな情報が届いた。米ブラウン大学ワトソン研究所が報告書「戦争のコスト」最新版を発表した。→http://watson.brown.edu/costsofwar/

それによると、二〇〇一年「９・11」以降の「反テロ戦争」で米国が使った軍事費は四兆三、五一〇億ドル（約四九一兆円）である。最近の日本の国家予算額に応用すると、およそ五年分相当額を米国はこの十六年間の戦争に使ったことになる。大統領自ら「武器セールス」に励む理由はここにある。日本国首相が誇る「揺るぎない絆によって結ばれている同盟国」の本質は、こうして「戦争至上主義」にある。虚偽に満ちたニュースの壁を破ることで、この事実を見極めていきたい。

（第八回　二〇一七年十一月十日）

拉致問題と首相の不作為

九月末、奥能登国際芸術祭を見に行った時、気になっていた場所の近くを通った。石川県能登町宇《う》出《し》津《つ》である。往時水軍の船が隠されていたという故事に由来する「船隠し」という場所そのものまで行く時間はなかったが、乗ったバスは入り江豊かな能登半島の東海岸一帯を駆け抜けたので、地理的な雰囲気は十分に感じ取ることができた。一九七七年九月十八日夜、宇出津港の「船隠し」から久米裕という日本人が、待ち受けていた数人の男たちと共に外洋の闇へ姿をくらました。久米さんを現地まで手引きしたのは在日朝鮮人だった。彼は外国人登録証の提示拒否で逮捕され、泊まっていた旅館からはラジオが見つかった。被害者は姿を消しており、「犯罪要件」を構成するに至らず、立件はされなかった。

横田めぐみさんが新潟市の海岸線から朝鮮国の工作員に連れ去られたのは、この事件から二ヵ月後の七七年十一月十五日である。立件が不可能であったにせよ、第一の事件の概要なりともが、排外主義をいたずらに煽らないという周到な配慮を施しながら、何らかの形で周知徹底されていたならば、あとに続く拉致の悲劇は避け得たかもしれない。それによって、朝鮮国の若い工作員が拉致という非道な犯罪に手を染めることは未然に防がれ、あれ以上の被害者も生まれ得なかったのではないか――僭いとは知りつつも、拉致問題のことを思うたびに、私は、あの時点であらかじめ失われてしまった可能性に思いを馳せる。

今年の十一月は、横田めぐみさん拉致事件から四十年が過ぎたということもあって、いつにもまして、記憶を喚起する行事やそれをめぐる報道が多かった。事前には、国連総会演説で米国大統領が「わずか十三歳の少女」をすら連れ去ったことを「北朝鮮の非道」を非難する一例に挙げたり、十一月に来日した同大統領が拉致被害者家族会の多くのメンバーと面会するという「お膳立て」もなされたりもした。私は、日本国首相＋官邸主導のこのような「小細工」を見るたびに、日朝両国間に累積するいくつもの課題（拉致問題も重大だが、そのうちの「ひとつに」過ぎない）を解決するために、自らの責任において果たすべき任務を怠っておいて、見栄えがする（と彼が信じている）舞台装置造りばかりに熱心な首相の、根っからの無責任さを思う。

去る十一月十五日、めぐみさんの両親が記者会見を行なった。母親は語った。「政府も外務省もまじめにやってくださっていると思っていた。だが進展もなく、「信じていてよかったのか」（朝日新聞十一月十六日付けに基づいて引用）。現首相は、官房副長官として小泉首相の訪朝に随行してから十五年、その後は首相にまでなって、拉致被害者家族の集会に行っては、年老いてゆくばかりのご本人たちを前に「安倍政権下で拉致問題は必ず解決して見せる」と豪語したのは何回を数えるだろう？そのための日々の努力をどんな形で行っているのだろう？　口を開けば「圧力」、「制裁」、「今は対話の時ではない」、「あらゆる手段を通じて北朝鮮に対する圧力を最大限まで高めることで米国と一致した」などと言うばかり。朝鮮国政府の態度にも大いに問題はあるとしても、この文言は、あるべき外交政策から大きく外れていよう。首相の不作為に対する疑問の言葉として、母親の言葉は、まだ遠慮がちに思える。

首相は「そもそも様々なことに対し、もう国民を納得させる必要をそれほど感じていないように見える。本当の説明をせず、押し通すことに、もう『慣れて』しまったように見える」と書いたのは、作家の中村文則氏だった（朝日新聞一七年十月六日付け）。私の考えでは、二〇〇二年九月十七日以降、政府・官僚・メディア・世論を牛耳ってきた「戦後最大の圧力団体」である拉致被害者家族会も、首相にはなめられている。家族会の人びとは、「問題が明るみに出てから十五年も経った。もうたくさんだ！」と叫んでよいと思う。朝鮮国との対話に向けて日本から草の根の動きをつくることが、国交正常化、核・ミサイル、拉致、人的・文化的・経済的交流などの諸課題の解決へと向かう、急がば回れ、の道なのだ。家族会がこの方向で動けば、民意がそれを支えるだろう。

（第九回　二〇一七年十一月二十五日）

万人受けする表現に懐疑をもち続けたひとりの絵師

去る十一月下旬、東京・江古田にあるギャラリー古藤でひとつの展覧会が開かれた。題して「万人受けはあやしい――時代を戯画いた絵師　貝原浩」。この特異な画伯は、五十八歳の誕生日を前にして亡くなった。その仕事としては、チェルノブイリ原発事故の風下になったベラルーシの村々を何度も訪れては、村の風景や人びとのたたずまいを絵巻物風に描いた『風しもの村から』（初版、平原社、一九九二年。のち『風しもの村』としてパロル舎から復刊。二〇一〇年）が記憶に残っているひとが多いかもしれない。筆ペンと水彩絵の具によって手漉き紙に描かれたその一連の作品に出会った時、苦難の下にある人びとの日常に対する、画伯のとても柔らかな視線を感じた。描かれている人びとの表情が、人生苦しいことばかりじゃないさ、と語りかけているような感じがして、そのことが深く印象に残った。画伯は、描く対象の人びとと、言葉を通してではなく、とてもよい関係を結んだに違いないと思った。

今回展示された作品は、ベラルーシの風土と人びとを描いたのとは異質の種類のものだ。私もそうだったが、ここにこそ画伯の本領があると一面的に思い込んでいた風刺画の世界である。本の装丁の仕事は以前からちらほら見かけていたように記憶しているが、私が画伯の風刺画を意識し始めたのは一九八〇年代初頭から半ばのかけての頃だったと思う。社会運動関係の雑誌、とりわけ反天皇制運動関係の機関誌や小冊子のために提供する挿画がとても目立つようになった。

一九八〇年代初頭から半ばと言えば、日米の政治家でいえば、中曽根・レーガンの時代である。中曽根は、国鉄解体・分割民営化路線に代表されるように、（その点では、レーガンおよび同時代のイギリスの首相であったサッチャーともども）、新自由主義経済政策を「先進国」において初めて採用した人物だ。日本においては、その後の三十年間で稀に見る長期政権となった小泉・安倍両政権下でその政策路線が加速された結果、どんな社会が到来しているかは私たちが肌身に徹して知っている通りである。他方、中曽根はレーガンとの間で、日米軍事同盟の強化にも力を注いだ。それもまた、三十年後のいま、安倍路線下の戦争待望路線に直結している。貝原画伯のこの時期の風刺画は、八〇年代のこの方向性がどこへ向かうかを、予感的に描いていたように思われる。

その後しばらくは短命政権で、風刺画を描くに値しない非個性的な政治家が続いたのだろう、画伯が描く政治家は、いきなり二十一世紀の小泉に飛躍してしまう。ここでも、風刺の牙は冴えている。「有事立法」「教育基本法」「反テロ愛国法」などの襷を掛けた小泉が、Y字形のパチンコを手にした金正日に向かって「感動した。君のおかげだ」と言って肩に手をやる二〇〇一年の図などは、貴乃花優勝に際しての土俵上での小泉の言葉をそのままなぞっているのだが、今にも通用する。この社会に浸透した排外主義とのたたかいは、もとより私たちに固有の国内的な課題だが、朝鮮国指導部の当時から今日にかけての政策（核・ミサイル開発、拉致、不審船、粛清、毒殺など）が、この風潮を増長させるのに無関係だったとは言えないからだ。

画伯の風刺画には、皇族が登場する数えきれないほどの作品もある。その風刺の、きわどいまでの表現に接した方も多いだろう。一九六〇年前後に深沢七郎が行なった皇室に関わる辛辣な表現を思い起こせば、それが何ほどのことでもない時代がこの社会にはあった。だが、一九八〇年半ば以降、画伯が無念の死を迎える二〇〇五年までの時期にここまでの風刺と皮肉に満ちた天皇制批判の表現を成し得た画伯が、限りなく懐かしく思える。この点でも、時代状況はあまりに激しい変化を遂げて、現在に至っているのである。

（第一〇回　二〇一七年十二月十日）

人間の歴史の中での「七〇年」について思うこと

昨年は「ロシア革命一〇〇周年」の年に当たり、何度かこのテーマで話をした。参考のためのレジュメを作りながら、「七〇年」という歳月が、人間の歴史の中で持つ意味を思った。まず考えたのは、ロシア革命に先駆ける意義深い社会革命を一九一〇年以降の過程で経験したメキシコのことだった。この革命は、その後「凍結された」とか「中絶させられた」などの形容詞を付けずには表現できないほどに挫折するのだが、ともかく一九一七年には新憲法を制定した。その二七条は、農民の伝統的な共同体的土地所有およびその水資源の権利を擁護し、株式会社が農場を取得・保有・管理することを禁じるなどの画期的な内容だった。

ところが、米国・カナダとの自由貿易協定の締結を模索していた一九九〇年前後のメキシコ政府は、多国間貿易協定締結を阻害する国内法整備の必要性に迫られ、憲法二七条を改定して、共同体の土地の売買と私企業による農地保有とを一定の範囲とはいえ認めてしまった。南東部チアパス州の先住民族は、この協定が発効した一九九四年一月一日、これは「先住民族に対する死刑宣告に等しい」と訴えて、武装蜂起した。二十四年後の今も、彼（女）らは自主管轄区を維持し続けている。

抗議と抵抗は続いているとはいえ、こうして、一九一七年の憲法で制定された「土地は耕すものの手に」という原則は、グローバリゼーションの現代的な趨勢に合わせて国内法「整備」を目論んだ二十世紀末の支配者によって、多国籍企業や私企業に有利なように改定されてしまった。一九一七年↓一九九一年。七十四年の歳月が経っていた。

勃発（制定）から滅亡（抹消）まで、奇しくもメキシコ憲法二七条と同じ年月の「一九一七年↓一九九一年」を刻んだのがロシア革命である。この場合は、民衆レベルでは確かに存在したであろう「革命の初心」を裏切り、前衛党幹部による全的支配を画策し続けたことによるボリシェヴィキ派の「自滅」的な要素もあるから、メキシコ憲法二七条の改定問題と同じレベルで論じることはできないにしても、七十四年の歳月の果てに、価値観および政治・経済・社会体制の根底的な転換が行なわれた事実は消えない。

翻って、日本を思う。一九四五年の敗戦から、今年で七十三年を経ることになる。この間に起きた大きな変化はいくつも挙げることができるが、私が最も注目せざるを得ないのは「戦争と平和」をめぐる意識と現実の変化である。愚かな侵略戦争の果てに一九四五年の敗戦を迎えた当時の日本社会では、戦争と軍備を禁じた新憲法の制定を歓迎する雰囲気が圧倒的に大きかったという。物心ついて以降の私が知る戦後史においても、人びとの中に根づいた「反戦・平和」意識は強く、その運動も実在した。アジア諸地域との関係においては日本が「加害」者であったという自覚を欠き、「被害」者側のように振舞った憾みが残ることは、しっかりと心に刻み続けなければならないが。

一九四五年→二〇一八年。七十三年後の今はどうだ。戦前の侵略も、戦後過程での反省も、まるで何もなかったかのように公言し、振舞う〈宰相A〉の長期政権を許す社会へと変貌を遂げている。「七〇年」という歳月は、その間に行なわれる世代交代を通じて、過去へのこだわり（この場合でいえば、侵略と戦争への反省）が消え果て、過去の歴史に学ぶことを怠る新世代が現われて、戦争を美化しさえするようになるほどの「長さ」なのかもしれぬ。

こんなことを考えていたら、画家の内海信彦氏のFBで、中国との抗争の歴史を一千年にわたって刻んできたベトナムでも、「七〇年から一〇〇年に一度の割合で中国が攻めてくる」という捉え方があると知った。他国・他民族は知らず、自らの加害史を知ろうとしない日本社会でこそ、「七〇年」という年月の中で忘れ去られてゆくこと／捨て去られてしまうことに、さらに自覚的にならなければならぬ。それは、私たちの目の前で現在進行中の事態なのだ。

（第一一回　二〇一八年一月十日）

「時事」だけに拘らず、「想像力」を伸ばしたい

このようなコラムを書いていると、「時事」に即して対応する言論が必要だと思いがちだ。それはその通りで、私も及ばずながら、そのようにしたいと考えている。だが、現在、一般に流通している「時事」的言論は驚くほどに劣化している。メディアへの露出頻度が高い政治家の——とりわけ日米の——言葉をみれば、一目瞭然だ。メディア自体もそうだ。心の奥底では、こんな言動に逐一対応できるものかという憤怒が、本音となって渦巻いている。

去る一月十六日、カナダで朝鮮問題（メディアは「北朝鮮問題」と表現している）に関する二〇ヵ国外相会合が開かれた。河野太郎外相はここで「北朝鮮との外交関係を断ち、北朝鮮労働者を送還する。こうした措置を通じてのみ、北朝鮮の政策を変えられる」と訴えた。彼は昨年九月にも、米コロンビア大学の講演で「北朝鮮と国交がある一六〇以上の国に外交関係・経済関係を断つよう強く要求する」と述べているのだから、確信犯なのだろう。アジア侵略から始めた戦争を、国際連盟脱退を経てとうとう対米開戦にまで至らせた戦前日本の歴史から教訓を得ようとする姿勢もなければ、新年度初頭から始まっている韓国・朝鮮の話し合いの過程を尊重し、これを後押しする態度すら微塵も見られない。まっとうな歴史認識を欠き、外交「技術」も幼稚な、こんな政治家たちの言動に、私たちは日々浸食され、政治とはこういうものか、と信じ込まされているのだ。

私の気持ちはここから離れ、この会合に参加した二〇ヵ国とはどこだろうという方向へ動く。招待国である日・韓など四ヵ国以外は、米・英・伊・仏・豪・加など朝鮮戦争時の国連軍派兵国一六ヵ国であると知れる。その中で、フィリピン、コロンビアの国名が目立つ。コロンビアと言えば、この国

が生んだノーベル文学賞受賞作家、ガルシア＝マルケスが新聞記者時代に、朝鮮戦争からの帰還兵の話を書いていたな、と思い出す。この天賦の才を持つ物語作家の場合、一九五〇年代に新聞記者として社会面・政治面・芸能面に書いていた記事ですら今もって面白いとの評判を得て、幾冊もの本にまとめられている。日本でもその一部が、『幸福な無名時代』（筑摩書房、一九九一年）と『ジャーナリズム作品集』（現代企画室、一九九一年）として刊行されている。

後者に収められたマルケスの記事によれば、「共産主義者と戦うために」はるばる南米コロンビアから朝鮮半島に派遣された兵士数は四、〇〇〇人だった。一九五二年以降、彼らは順次帰国するのだが、その後日談をマルケスは記録する。月々三九・五〇ドルを受け取っていた兵士は「朝鮮ドル」を溢れさせて、国内経済を混乱させた。派兵に応じれば、帰国後は特別奨学金、恩給、米国で生活できる便宜が与えられることを夢見ていたのに、裏切られた。戦地では、「アメリカ的生活様式」そのものの豪華な食事やタバコやガムに毎食ありついたが、変わらず貧しい故国へ戻ると、それも苦い思い出となる。戦場での暴力行使に慣れてしまった兵士や戦争で精神攪乱を来して帰国した者が、殺人にまで至る暴力事犯を頻繁に起こす。帰還兵は、故国でなぜか警戒心をもって迎えられ、彼らを対象にする殺人事件も頻発する。生活苦のあまり、勲章を質に入れる帰還兵も出てくる。

いずれにせよ、「英雄」として受け入れられることを期待した帰還兵が、或る疎外感をもって追いつめられてゆく過程が見事に写し出されている。それは、韓国の優れた作家、黄晳暎が、ベトナムに出兵して「ひと儲けした」韓国軍の帰還兵が祖国で味わう疎外感を描いた「駱駝の目玉」（中上健次編『韓国現代短編小説』、新潮社、一九八五年）に通じる世界である。

休戦協定締結後六十余年経って開催された国際会合で、政治家たちは、日本国外相の先の発言に象徴的な、虚しい言葉を吐いて悦に入っている。過去の戦争も、現在の戦争も、「来るべき」戦争も、この政治家たちの目線で捉えてはならぬ。朝鮮半島で生まれた無数の犠牲者たち、国連軍と中国人民解放軍の名の下に派遣された、これを機に「ひと儲け」を企んだかもしれない下層兵士たちが受けた傷口からしか見えてこない戦争の実相がある。そこへ向かって「想像力」を伸ばすことのほうが、「時事」だけに拘るよりは得るところが多い、と私は思う。

（第一二回　二〇一八年一月二十五日）

植民地問題と死刑問題

現在ある政治的・社会的・経済的な秩序に疑問を感じ、これを変革するためのさまざまな社会運動に関わる個人がおり、その人びとが集団を作る。基本的には同じ立場の人びとの中にあっても、問題によっては、小さな差異も、場合によっては大きな食い違いが生じることもあるのは当然だから、そこで、その相違点をめぐってどれほどの「豊かな」議論が保障されるかということが、その運動の帰趨を決める大事な要素だと思う。

私なりの社会運動への関わりの経験の中で、「運動圏」の人びととの理解が、他の課題に比べて、すんなりとはいかない課題が、ふたつあると思える。植民地問題と死刑問題である。前者に関して言えば、アジアで唯一、植民地主義帝国として成り上がった経験を持つ私たちの社会は、その捉え返しも謝罪も不十分なままに、植民地「喪失」から七十三年目の時を迎えている。この現実がもたらす歪みは、為政者側にのみ見られるのではない。それなりに強力に展開された一九五〇年代〜六〇年代の反戦・平和の運動が、戦争における被害者意識に大きく依拠していたことは、六〇年代後半に高揚したベトナム反戦運動の中で、すでに批判的に提起されていた。以後、その限界を克服するための思想運動も実践活動も展開されてきたが、それが社会全体に浸透するまでの力とはならなかった。

その延長上に、二十一世紀に入って以降第一次安倍政権の誕生とともに社会の前面に顕在化した民族排外主義の露骨な動きがある。それを私たちが阻止し得ていない現状がある。平昌冬季オリンピック報道の一言一句に、日本国の首相が朝鮮の「高位」代表とひと言二言交わした会話や韓国大統領との会談の模様を報道するマスメディアの姿勢の一つひとつに、継続する植民地主義の拭い難い痕跡を見る。その価値観が、私たちには日々擦り込まれているのである。ここから脱却すること——これは私たちにとって、今後もなお繰り返し深めなければならない課題であり続けると思う。

二つ目の死刑問題も、なかなかに手ごわい。一般的な感覚からすれば、死刑は自分からはあまりに遠い出来事であり、いわば他人事である。加害者になって自分が死刑囚になることなぞ、あり得ない。むごい事件に被害者の立場で出会ってしまい、否応なく死刑囚となった加害者と向き合う運命なぞも、自分を見舞うはずもない——ごく自然に、誰もがそう思っている。だから、問題を身近には感じない。ひとを殺めてしまう加害者は個人か集団だが、死刑の場合は国家が代行してひと殺しを行なうということ——そこに、どんな問題が孕まれているかという意識が心を過ることはあまりない。そういえば、国家というものは、戦争においても、他国の兵士や（場合によっては）民間人をすら殺害する権限を自国兵士に与えてしまうなど、その戦争犯罪のゆえに国家や具体的な個々の兵士が裁かれるケースは、「戦勝国」と「敗戦国」の力関係にもよるが、めずらしいことだな、という事実にも思い当たる。すると、国家は、戦争の発動と死刑という制度を通して、個人には許されない殺人の権限を独占しているのだということになる。国家は国家であるがゆえに正しいと考えるべきだろうか。「国家」を「支配者」とか「首相」の語と置き換えてみれば、そんなことがあり得ないことは、私たちの日常感覚だろう。

確信を持った党派左翼の場合も、複雑だ。二十世紀以来の左翼前衛党派主義者にあっては、敵対する者を「粛清」したり「内ゲバ」で消したりすることは「当然の」行為だった。つまり、権力志向の人間にあっては、必要とあらば国家や党や組織の名においてひとを殺してよいとする価値観が内面化しているのだと言える。死刑執行が続き、戦争も露出してきている日本社会の現状の中で、何度でも立ち返って考え抜きたい課題である。

（第一一三回　二〇一八年二月十日）

米国内の銃乱射事件の「先に視える」こと

現在の米国トランプ大統領の言動を、歴代大統領との比較において、信じ難いとか数段落ちるとかいう評価をよく見聞きする。オバマ前大統領は、銃乱射事件が起こるたびに銃規制の強化を図ったが、トランプはその逆を行なっているというように。確かにオバマ大統領は、どこかで銃乱射事件が起こって死者も出たとき、全国に宛てたメッセージで、声を詰まらせ目に涙を浮かべて、その哀しみと犠牲者および遺族への哀悼の気持ちを語ったこともあった。だが、その時にも彼の視野は米国国内に限られていて、人びとの殺害のために使われたその銃がどのような回路をたどって、「国内に戻ってきた」のかを問う姿勢はまったくなかった。すなわち、国外のどこかの地を戦場にした戦争を――「9・11」以降の現在であれば「反テロ戦争」を――絶えず遂行している米国は、「国外で」自らが使っている銃や弾道ミサイルや無人爆撃機やドローンの残虐性や暴力性を問うことは、決して、ない。なぜなら、米国が国外で行なっている戦争は、彼らによれば、常に正しいから、それを問う必要がないからだ。

二〇一六年、伊勢での首脳会議に参加するために来日していたオバマ前大統領が、岩国米軍基地で米国兵士を「激励」する演説を軍の最高指揮官として行なったついでに、広島平和公園へほんのちょっとだけ寄り、「七十一年前、雲ひとつない朝の、抜けるような青空から、死が降ってきて、世界は変わりました」と宣ったことを思い出してみればよい。原爆投下の責任については頬かむりした大統領は、自ら手がけたという折り鶴を平和資料館に置くというセンチメンタルな行為でごまかしたのだ。「岩国→広島」という行路の意味も、主体不明の物言いの無責任さも問うことをしなかった日本の大方のメディアと世論は、お人よしにも、こんな仕掛けにころりと騙されたというべきだろう。

岩国基地にいた兵士も、七十年以上も前に自国が行なった原爆投下の意味を問い直す機会もないままに、やがて帰国することになろう。国外では何の規制もなく武器を使っていた兵士が米国に戻ると、ダグラス・ラミス風に言えば、一緒に「戦争が帰って」ゆく。武器を使うことに慣れ親しんだ元兵士は、戦場で負った精神的な傷を、家庭内暴力をはじめとする暴力的な発現に求めるほかはなくなる場合がある。戦場へはまだ行った経験を持たない若者の中からは、自国兵士が国外で行なっている（しかも、大統領も議会もマスメディアもそれは正しいと言っている）戦争行為を日々見聞しているうちに、自分でもそれを「実践」してみようと思い詰める者が出てくる。米国フロリダ州で一七人の高校生の命を奪った今回の乱射事件の加害者（十九歳！）も含めて。このような悲劇的な事件を前にしての、オバマとトランプの反応の違いは、米国内部ではそれなりの意味をもとう。同じ武器が「海外で」使われている意味を顧みない点では両者は同じ位置にいることを、私たちは忘れるべきではない。

このように強調しつつも、現大統領の愚かさは半端ではない、と絶句する。トランプ曰く「もし銃に熟達した教師がいたなら、襲撃をあっという間に終わらせることができるだろう」。だから「特殊な訓練を受け、銃を隠し持った教師を学校に配置することで、もはや銃のない場所はなくなる」、これが有効な対応策だと語っているからには。

これに対置すべき考えは、イランの映画監督モフセン・マフマルバフの次の言葉に表現されている。「（アフガニスタンにおいて）もしも過去の二十五年間、権力が人びとの頭上に降らせたのがミサイルではなく書物であったなら、無知や部族主義やテロリズムがこの地にはびこる余地はなかったでしょう。もしも人びとの足もとに埋められたのが地雷ではなく小麦の種であったなら、数百万のアフガン人が死と難民への道を辿らずにすんだでしょう。」（『アフガニスタンの仏像は破壊されたのではない　恥辱のあまり崩れ落ちたのだ』、現代企画室、二〇〇一年刊）。日暮れて道は遠いが、常にこの原点に立ち戻りたい。

（第一四回　二〇一八年二月二十五日）

遭難者、漂着民、排外主義者、脱北者、政治指導者

近着の「人民新聞」三月五日号で重要な記事を読んだ。元外航船長で海員組合全国委員も務めたことのある柿山朗さんが「朝鮮木造船漂着と船員の命の尊厳」という文章を寄稿している。昨年十一月から十二月にかけて、「日本海」側の砂浜などへの遭難船と遺体の漂着事件が頻繁に報道された。海上保安庁によれば、二〇一七年度のこの種の漂着船は一〇四隻に上った。状況からみて、朝鮮国の港から出た船に違いない、と私も思う。

私もかつて新潟から佐渡へ渡る船の中で経験したが、陸地に囲まれたこの海の地形は独特で、波が高く、船も揺れる。柿山氏によれば、冬場には大型船でも、荒波で航行が難渋するという。この海へ、簡素な構造の古い木造船が操業に出たのである。食べ物に事欠く漁船員の命懸けの操業だったであろうことは疑いの余地もないだろう。

これを指して「武装難民の可能性がある」と言ったのは、麻生副総理である。「警察で対応するのか、自衛隊の防衛出動か。射殺するのか」とまで言った。「工作員とかいろんな可能性があるから徹底した取り締まりを行なっている」と述べたのは菅官房長官だった。哀しみ、同情すべき事態を政治的に利用しようとする魂胆が透けて見える。北海道松前町の無人島には、舵が故障した難破船の乗組員が上陸した。無人の避難小屋にあった発電機その他すべての物品を「盗んだ」として、船長のみが起訴され、三月九日に函館地裁で「懲役二年半」の求刑がなされた。柿山氏によれば、保安庁のヘリはこの船舶の遭難救助もせずに、何かをしでかすことを待ち、監視する日数を重ねていたらしい。海

洋法に関する国連条約や「海上における捜索及び救助に関する国際条約」に基づいて、関係者は、遭難船の人命救助に必要な手段を尽くさなければならない。不履行には罰則規定もあるという。「国難」を煽る悪扇動に基づくすべての行為は、国際法が定める論理と倫理の前に、本来はその根拠を失うべきものである。

他方、私は横浜の「海上保安資料館」の（北）朝鮮工作船特別展示場の光景も思い出す。二〇〇一年十二月、九州南西海域で発見した不審船を保安庁は追尾し、停止命令にも従わなかったために船体射撃も行なった。船は自爆して沈没した。資料館には、死亡した一〇人の乗組員が身につけていた品々や船体が展示されている。粗末なウェットスーツがある。金日成バッチがある。「ああ党よ、この子は永遠にあなたの忠臣になろう」と朝鮮語で書きつけた木片がある。これまた、明らかに朝鮮国籍の船舶なのだが、日本側は覚醒剤の取引を行なっていたと断定した。資料館を観ながら、私は、若く貧しかったであろう乗組員たちと、工作船を派遣した朝鮮国の支配体制の頂点に立つ独裁者の双方の姿を思い浮かべた。前者には曰く言い難い哀しみを、後者には、もちろん、激しい怒りを感じた。翌年の日朝首脳会談で、金正日総書記は工作船の派遣を謝罪し、二度と繰り返さないと約束した。

今回の漂着船とそこに遺された遺体の報道に接しても、同じ感慨を覚える。遭難者は手厚く保護するか、不幸にして死した場合には丁寧に弔わなくてはならない。同時に、朝鮮を支配する独裁体制が核とミサイルの開発に莫大な資金を投じる一方、民衆に強いている苦難に満ちた経済生活を思う。そんな気持ちで近所の図書館の棚を眺めていた今日、注目してきた民俗学研究者、伊藤亜人の新著『北朝鮮人民の生活――脱北者の手記から読み解く実相』（弘文堂、二〇一七年）を見つけて、借りた。

きょうは朝から、来る五月に行なわれるらしい米朝首脳会談のニュースで持ち切りだ。政治指導者はどこの国のそれも、駆け引きや騙し討ちや妥協や折り合いで、もっともらしい「政治」とやらを続けるだろう。私たちもその行く末を注視し、必要なら介入することもあるだろう。だが、私たちの存立基盤は「国家」でも「政府」でもなく、ここで述べてきた文脈に即して言うなら、遭難者や漂流民や脱北者の視点で〈世界〉を観ることなのだ。

（第一五回　二〇一八年三月十日）

十七年前、「勘ぐれ」と言われて「忖度」したＮＨＫ幹部たち

安倍晋三という人物の言動については、心ならずも、何度も論じてきた。「心ならずも」と敢えて言うのは、政治家としてのその識見に見るべきものがない人間は、本来なら、論じるに値しないからである。はっきり言えば、政治家を「家業」と勘違いする人間がこうも多い時代になると、ひどい資質の人間が政治家になってしまうものだと慨嘆せざるを得ないが、その典型のような人物だと思えたからである。にもかかわらず「論じてきた」のは、二十一世紀初頭以降の自民党内の政治力学ゆえに、よりによってこんな人物までもが指導的部署に上り詰める過程が見えてきて、しかも、民族排外主義的な感情が充満する日本社会の社会・思想状況ゆえに、この人種差別主義者が一定の「人気」を獲得して、首相にまでなってしまったからである。

安倍晋三が、急逝した父親・晋太郎の「跡を継いで」国会議員になったのは一九九三年だった。早くも一九九七年には、その極右的な体質を顕わにした行動を取っている。「日本の前途と歴史教育を

考える若手議員の会」の事務局長に就任したのである。同会は「歴史教科書に従軍慰安婦の記述が載ることに疑問を持つ戦後世代を中心とした若手議員」の集まりであった。彼らは、二〇〇一年一月末に、それとは社会に知られることなく、水面下で蠢く。

二〇〇〇年十二月、東京で、慰安婦制度の実態を解明し、責任者を明らかにする「女性国際戦犯法廷」が開かれた（法廷の内容を報告する書籍は複数出版されており、ビデオも制作されている）。NHK教育テレビの番組『ETV2001』は、「戦争をどう裁くか」シリーズの二回目「問われる戦時性暴力」で、この法廷が投げかけた問いを取り上げた（放映日：二〇〇一年一月三十日）。この頃、雑誌『正論』（産経新聞社刊）には「NHKウオッチング」という連載があって、NHKの「偏向」番組や「不敬」番組の「摘発」を行なっていた。極右勢力はNHKの内部情報をいち早く入手できる独自の調査網を持っており、昭和天皇の戦争責任や日本軍従軍慰安婦の問題にも触れるこの番組の内容を事前に知り、自民党国会議員に伝えた。親しい関係にある安倍晋三や中川昭一らの「若手議員」に対して、である。

放送前日、安倍と中川はNHK幹部と会った。矢面に立った元NHK放送総局長・松尾武の証言によれば、「ご注進が事実とすると心配があるよということを伝えたい」とまず言われた。中川議員には「客観性をもってものを論じろ」「わかっているだろう、お前。それができないならやめてしまえ」などと、ヤクザのような物言いをされた。もう一人の「先生はなかなか頭がいい。抽象的な言い方で人を攻めてきて、いやな奴だなあと思った要素があった。ストレートには言わない要素が一方であった。『勘ぐれ、お前』みたいな言い方をした部分もある」（魚住昭『国家とメディア』、ちくま文庫、二〇〇六年）。

この物言いをしたのが安倍晋三だった。与党との新年度予算折衝をまぢかに控えていたNHK幹部は慌てふためき、番組制作に当たってきた現場のディレクターやプロデューサーの反対を押し切って、放映直前に番組内容を改ざんした。実際に放映された番組は、本来のものとは似ても似つかぬものとなった。

この一件が明るみに出たのは、事件から四年後の二〇〇五年一月の朝日新聞のスクープによってだった。このとき、テレビのワイドショーに出た安倍が、朝日新聞とNHKに「巣食う左翼記者」の相関図もどきのクリップを掲げながら、本質からまったく外れた弁明を行なっていた図を思いだす。

ところで、「勘ぐる」と「忖度」とは同義語であることを私たちは知っている。

（第一六回　二〇一八年三月二十八日）

【追記】末尾に、『ところで、「勘ぐる」と「忖度」とは同義語であることを私たちは知っている。』と書きました。補足が必要だと思います。「勘ぐる」を命令形で使うという安倍氏らしい言葉遣いに引き付けて、こう書いたのですが、三省堂新明解国語辞典に拠れば、「勘ぐる」＝勝手な想像をめぐらして、相手が何か良くないことをしたかのように疑う。「忖度」＝他人の気持ちを推し量る意味の漢語的表現。と説明されています。確かにこれが私たちが慣れ親しんだ用い方なのですが、これを前提にすると、「勘ぐれ」とは、なかなかに意味深長な物言いということになります。これ以上は申しません。

政治家たちの在り方――ブラジル、ウルグアイ、日本

二〇〇三年から二〇一一年までブラジル大統領を務めたルイス・イナシオ・ルーラ・ダ・シルヴァ（一九四五～）は、在任中の収賄・資金洗浄容疑で、今年一月の二審で禁錮十二年一カ月の有罪判決を受けていた。今年十月の大統領選挙への再出馬を目指し、支持率の高さから返り咲きが有望視されていたルーラは、最高裁での確定判決まで身柄を拘束されない人身保護請求をしていたが、これが却下されたために、去る四月七日に収監された。

労働者党（ＰＴ）出身のルーラは、新自由主義の枠内での経済政策を採用しつつも、理念的にはこれを批判し、貧困層のために国富を再分配する政策を推進した。だから、貧困層に固く支持されていた。逆に、富裕層、右翼保守勢力、ラテンアメリカでの影響力は従来に比して各段に衰えたとはいえそれらの背後にいる米国などは、南米の大国＝ブラジルに左派政権が復活することを防ぐために、全力を挙げてきたことに疑いはない。無実を主張するルーラの側にも、おそらく「甘さ」があったのだろうが、今回のルーラ収監の背後に潜んでいるだろうブラジルにおける階級闘争の現実から目を逸らすまいとは思う。

ブラジルから離れて一般的に考えても、広くは革新派の、狭くは左翼の政治家の場合にあっても、腐敗・堕落と無縁ではないという実態は、私たちのよく知るところだ。ひとは常に、思想の腐敗にも、経済的な腐敗にも、晒されて生きている。日本の場合には、大労働組合の幹部には革新政党の議員になる道が開かれてきたから、腹立たしくも悔しくも、そんな実例を多くの人びとが見聞きしてきたに

違いない。

そんなことを考えていると、ブラジルの隣国ウルグアイの大統領を二〇一〇年から一五年まで務めたホセ・ムヒカ（一九三五〜）の「特異性」が思われる。二年前の二〇一六年、すでに大統領の座を下りていたムヒカが来日して、メディアでもある程度は取り上げられたから、ご記憶の方もおられよう。講演会では、若者を相手に「市場は万能ではない」「質素に生きれば自由でいられる」「もっと愛に時間をさけ」などと語った。驚くような斬新なことを言っているわけではない。日本の現在の政治家が決して口にしない、哲学的な受け止め方が可能な言葉に満ちていることは確かだ。私は、ムヒカの言動をどう捉えるかを語る機会に恵まれたので（『朝日新聞』二〇一六年七月一日付け「オピニオン」欄）、ご関心のある方はお読みいただきたい。

私は、若いころから、ムヒカが属していた都市ゲリラ「トゥパマロス」の活動に関心をもっていた。「義賊」的なふるまいが多く、社会分析と方針が的確なコミュニケも示唆的だった。ムヒカ自身も何度も投獄されるが、刑務所の向かいの民家から牢獄の床下をめがけてトンネルが掘られ、それを伝って政治犯が集団脱走するという事件も一度ならずあって、その作戦の見事さに驚きもした。軍事政権下で組織は厳しく弾圧されたが、やがて訪れた民主化の過程を生かして合法政党化し、釈放されたムヒカは、十年足らずの政治活動ののちに国会議員に当選した。釈放されて十五年後には、ムヒカは大統領に選ばれた。元都市ゲリラの「過激派」が選挙で大統領に選ばれるという出来事に、ウルグアイ社会の「成熟度」の高さを思った。日本社会で一般的に信じられている尺度とは異なる基準を持っているからこその選択だったのだろう。

ムヒカ来日時の取材に関しては、テレビは日テレ系が独占したから、宮根誠司が相手をするという最悪の形となり、「世界一貧しい大統領」というキャッチフレーズで、面白おかしく「消費」されただけに終わった。でも、小さな新書ながら、ムヒカの思いをコンパクトにまとめた萩一晶『ホセ・ムヒカ　日本人に伝えたい本当のメッセージ』（朝日新聞出版、二〇一六年）という本も生まれた。

国会中継を見聞きしていると、この国では最悪の人間たちがわざわざ選挙で代議員として選ばれているのだと、絶望的な気持ちになる。異なる価値観をもつ社会が、同じ時代に、地球のどこかで息づいていることを知ることは大事なことだ。


（第一七回　二〇一八年四月十日）

南北首脳会談報道に欠けていること

一般的に言って「政治家」への不信が、私の心中深く渦巻いているのは事実だとしても、四月二十七日の朝鮮半島の南北首脳会談の様子は、中継されている限りは、山積している仕事を放り出してでも見るほかはなかった。ふたりの立ち居振る舞い、交わされている会話――それを現認したかった。歴史的な瞬間に立ち会っているという臨場感があった。金正恩氏と文在寅氏が握手し、南北を隔てる軍事境界線を南へ、そして北へと跨ぐシーンには、思わずこみ上げてくるものがあった。

文在寅氏が去る四月三日「済州島虐殺七〇年犠牲者追悼式」で行なったスピーチを読んだり、南北首脳会談実現に向けてのこの間の努力を見たりしていれば、この人物が世界的に見て並み居る政治家の中にあって頭一つ以上抜け出た見識を持っていることは明らかだった。今年に入ってから金正恩氏が打ち出してきた対話に向けての政策を見れば、確かに「変化」の兆しはあった。だが、最高権力者就任以来の諸政策やチュチェ思想国際研究所編『金正恩著作集』（白峰社、一巻二〇一四年、二巻二〇一七年）の内容を見聞きして、耐え難いものを感じていた。会談の様子や発言の中身を知ると、文氏は予想通り、金氏は意外な一面を見せた。会話の当意即妙なこと、考え抜いた言葉を即興で語っていることに、深い印象を受けた。

日本のテレビ局スタジオに居並ぶニュース・キャスターやコメンテーターの発言には、おしなべて、ふたつの問題があった。

一つ目は、朝鮮半島の分断と対立の状況に対する日本の責任を顧みる発言が、まったく聞かれない点である。不条理な現実が厳として存在してきたのなら、それには歴史的な根拠がある。明治維新以降今日に至る一五〇年の歴史の中で、日本が朝鮮に対して行なってきた数々の「仕打ち」がこの分断に加担してきたことに触れずして、何を言えようかという内省を欠く発言ばかりだ。政府レベルでも民間レベルでも、加害側である日本がその歴史的な責任について謝罪し償うどころか、居直って自国の侵略行為を正当化した挙句、見聞きするに堪えぬ憎悪と排斥の言葉を相手方に浴びせかける光景がこの社会では日常的なものになっているだけに、この振り返りは決定的に重要なのだ。

今年に入って、私は「明治一五〇年」をめぐって話す機会が複数回あった。その時は必ず、現首相が尊敬するという吉田松陰の「幽囚録」（一八五四年）に書かれた文言を引用した。日本は急いで軍備を備えて、蝦夷地→カムチャッカ→オホーツク→琉球→朝鮮→満洲→台湾→ルソンを収め、進取の勢いを示すべきだとの指針を示したものである。近代日本は、松陰のこの言葉通りに対外的な領土拡大の道を選び、アジアで唯一の植民地主義大国となった。板門店での歴史的な南北首脳会談を見ながらまず思うべきは、分断された朝鮮に対して日本が負う責任であった。戦後日本の「平和と民主主義」路線が欠くのは、植民地主義の総括だとする問題意識こそが重要だ。

二つ目は、この期に及んでも「拉致・核・ミサイルの包括的な解決」が重要だとする発言が変わることなく語られることである。甚だしくは、板門店宣言には「日本人拉致問題へ言及はなかった」などと指摘する者がいる。お門違いの要求をするのは、止めたほうがよい。この問題が、南北にとっての重要な案件であるはずがない。その理由は、蓮池透氏や私が繰り返し語ってきたことだ。関心をお持ちの方は、私の『拉致異論』(太田出版、二〇〇三年。その後河出文庫、二〇〇八年。増補決定版が現代書館から、二〇一八年)や蓮池氏と私の対談『拉致対論』(太田出版、二〇〇九年)をお読みいただきたい。「日本は拉致問題を抱えているから」といって南北融和の方向性に難癖をつけるのは、おこがましくもこの問題の「司令塔」を自任する首相だけに任せておけばよい。メディアに出る人間は、「金正恩氏のように」(!)、ものを考えて言葉を発する責任を自覚すべきだろう。決まり文句に倚りかからずに。

(第一八回　二〇一八年四月二十八日)

政治家と官僚の愚劣な言動に映っているのは、誰の姿?

前回に引き続き、朝鮮をめぐる情勢の急展開について書き留めておきたい。日本政府の対応ぶりやメディア報道のひどさについて書くのは、もはや徒労感しかもたらさない。だが、それこそが――私たちを呆れさせ、精神的に疲労させ、その挙句に物言うことも億劫にさせることが——彼らの狙い目だと思えば、やはり書き残しておかねばならぬ。まずメディアから。すべてを見聞きできているわけではは、もちろん、ない。それにしても「非核化」報道が変わることなく、ひどい。NHKは、BSのワールド・ニュースも含めて、アナウンサーが読む文章では「北朝鮮の非核化」と表現している。先日の板門店宣言はこの問題に関して「南と北は、完全な非核化を通じて核のない朝鮮半島を実現するという共通の目標を確認した」と述べている。別な文脈でも、「南と北は、北側が取っている自主的な措置が、朝鮮半島の非核化のために大胆で意義ある重大な措置だという認識を共にし」と言っている。当事者が「朝鮮半島の非核化」と言っているにもかかわらず、それをごまかして表現する日本の報道者の姿勢は許しがたい。

なぜか。朝鮮半島だけをとってみても、在韓米軍をどうするのか。在韓米軍は、核を有する在日米軍と一体化しており、それを保証している日米安保体制や沖縄に作られつつある米軍のために新基地をどうするのか——そのように、韓国・米国・日本の在り方をも同時に問うているのが、非核化という課題だと捉えなければならない。広く東アジア地域において有機的な繋がりをもって軍事的な展開を行ない、しかも核を有する米国と、その傘の下にある日本が、朝鮮国の非核化を要求するのならば、自らが有する（あるいはその傘の下にある）核をも同時に廃絶する意思を示さなければならない。この問題意識のかけらも示さないのが、日米の一般的な反応なのだ。

報道されている米朝間の水面下の交渉項目を見ると、米国は、朝鮮国の核技術者二、〇〇〇人から三、〇〇〇人を国外に移住させることを要求しているという。私は朝鮮が核開発を放棄することには大賛成だが、この報道を知って思うのは、米国の核技術者（いったい幾人いるのだろう?）はどうするのだ、ということだ。中露英仏、イスラエルなどの核技術者たちは？

対等ではない国家間関係の現状に、批判精神を眠り込ませてはいけない。同時に思い出す。イランや、フセイン時代のイラクでは、核技術者が不審な死を遂げたことがずいぶんとある。国外で殺害された人もいた。案件によっては、イスラエルの諜報機関モサド、米国ＣＩＡ、英国ＭＩ６の共同作戦であり、米国がもつ「テロリスト・リスト」に名前のある人物が傭兵として利用されたと報道されたものすらあった。大国である自分には許すが、小国が同じことを行なおうとすると、決して許さない――大国のこの傲慢さに刺激されて、軍事的な冒険に走る小国の指導者（独裁者）が生まれるという悪循環は、現存する非対称的な大国―小国関係を変えることなく、断つことはできない。

次は日本政府について。五月八日の日中韓首脳会談は、さながら「東京で開かれた中韓首脳会談」という体を晒した（命名は、佐藤優氏による）。会談の内容や発表された宣言を読むと、この印象が強い。表面的に取り繕った言動はともかく、会談の直後に放映されたＢＳフジの某番組での首相の支離滅裂な言動には、（いつものこととはいえ）こちらが言葉を失う。「なぜ日本は直接言ってこないのか」との金正恩氏の言い分を文在寅氏が明らかにした感想を聞かれて、首相曰く――「おそらく金正恩委員長に直接言う事であろうと思います。文氏やポンペオ氏は直接会っている。つまり『なぜ日本は直接言って来ないのか』という事だと受け止めている。見方によっては応じるかもしれない、という事かもしれない」。

この発言を聞いたキャスターは、その言語不明瞭さを衝くわけでもない。「（北朝鮮との）対話のための対話は無意味」を言い募ってきた首相を放置してきたツケは、ここまでの醜態を晒すに至っている。思い起こせば分かるように、首相の言動は第一次政権の一年間も、第二次政権後の五年半有余も、何につけてもほぼこの程度のものでしかなかった。現在日々報道されている政治家およびトップ官僚たちの信じ難いまでに愚劣で低劣な言動には、こんな首相を辞任に追い込むこともできないでいる私たちのありのままの姿が映っている。そのことを肝に銘じたい。

（第一九回　二〇一八年五月十四日）

「明治一五〇年」史観と民族・植民地問題

私事から始めて恐縮だが、私は北海道・釧路に生まれ、育った。「明治維新」の翌年＝一八六九年に近代日本国家に強制的に編入された旧蝦夷地＝北海道に、どこかの段階で「移住」した和人の末裔だ。十八歳まで暮らした釧路では、山野での先人文化発掘に熱中する考古学少年だったが、先住民族アイヌと移住者（侵入者）和人の歴史的な関係には無知だった。一九五〇年代から六〇年代初頭にかけてのころの話である。

それから十年と経たない六〇年代半ばから後半にかけて、世界状況は激変した。米軍の北ベトナム爆撃を契機に、それに対して南北ベトナム民衆と軍による抗米戦争が始まった。米国では、ベトナム戦争に抗議し、同時に人種差別撤廃の要求も掲げて、黒人と先住民族（インディアン）の抗議デモ・集会・都市暴動・占拠闘争が始まった。世界のどこを見ても、それまで重視されてきた一国内の階級闘争だけではなく、民族・植民地問題に根差した諸課題をこんなにも抱えているという現実が明らかになった。

アイヌと和人の関係を平板にしか捉えていなかった、少年期の牧歌的な歴史観が覆された。一八六九年の蝦夷地併合とは、近代日本が初めて行なった植民地支配だったのではないか、との考えが芽生えた。それは私個人の思いではなく、ある程度の集団性・共同性をもっていたと思われるので、それを敢えて「時代精神」と呼ぶなら、その時代精神は詩人・新谷行の『アイヌ民族抵抗史』（三一書房、一九七二年）によって鮮やかに表現された。また、蝦夷地併合から十年後の一八七九年に行なわれた「琉球処分」を合わせて考えれば、維新国家は、台湾・樺太・朝鮮・満洲へと支配の手を伸ばす以前に、もっとも近い北と南の島々を全的支配の下に置いたという史実が見えてくるのだった。

今年、中央政府および関係する地方自治体は「明治一五〇年」の記念行事に勤しんでいる。それは、もちろん、維新後一五〇年を刻んだ近・現代日本国家の足跡を肯定的に描く意図に貫かれている。幕末・維新の「志士」たちがさまざまに論じられるなかにあって、吉田松陰の『幽囚録』（一八五四年＝安政元年）の一節に注目する論者が少なくないことは大事なことだ。松陰はそこで、軍備を整えた日本国家が対外的に拡大すべき方向として「蝦夷、カムチャッカ、オホーツク、琉球、朝鮮、満洲、台湾、ルソン」の諸地域を、この順序で挙げている。近代日本は、まさしくこの順序で、近隣諸地域に対する植民地支配と侵略戦争を実践していった道筋が見えてこよう。

北海道の話題に戻るが、私の関心の在りかを知る同地の友人が、アイヌ関連の新聞記事や地域出版が刊行した関連書籍をときどき送ってくれる。それらを眺めていると、この半世紀の歳月をかけて着実に実現しつつある「変化」が実感できる。「北海道命名一五〇年」を記念する官製行事には、歴史認識上の大きな問題も孕まれていることは事実ではある。だが、ほぼ連日のように、アイヌ関連の記事が新聞には載っている。先住民族としての権利・人権、世界各地の先住民族との交流、伝統文化の伝承、アイヌ語の復権、漫画「ゴールデンカムイ」のアニメ化――テーマは多岐にわたるが、なかには、札幌駅ではアイヌ民族の伝統料理を再現した駅弁が発売されるとか、平取町ではアイヌ語と日本語で車内放送を行なうバスが運行し始めたなどのニュースもある。人びとの日常生活に関わる場所で、微かな、だが着実な変化が起こっていることがわかる。デマと差別の扇動がまかり通るネット時代であるとはいえ、日常における変化は、これに抗する力も育ててくれよう。

この連載で触れているように、世界と日本の政治・社会の現実には我慢のならないことも多いが、何かをきっかけに起こり始める「変化」「変革」があることへの確信は失いたくない。

（第二〇回　二〇一八年六月二十五日）

オウム真理教信者七人の死刑執行の背後に

オウム真理教をめぐる報道に接すると、重大な権力犯罪に触れることなく、またしても表層をなぞる情報ばかりが大量に噴出しているという思いに駆られる。七月六日に行なわれた七人もの大量処刑に関しても、それぞれのメンバーがどの件についていかなる役割を担ったかについての報道はなされている。これだけを見せつけられれば、なるほど、こんな大罪を犯したのか、死刑は致し方ないな、と多くのひとは思って、終わりになるだろう。

だが、松本サリン事件（一九九四年六月）も地下鉄サリン事件（一九九五年三月）も、本来ならば（――ということは、それ以前の事件に関して当該警察が「まっとうな」捜査活動を行なって、しかるべき任務を果たしていたならば、ということだ）未然に防ぎ得たはずだと確信している私には、事態は違って見える。それは、一九八九年十一月に起こった坂本弁護士一家（当時、神奈川県横浜市に住んでいた）「失踪」事件に関わることである。坂本弁護士が以前から、オウムに出家した子どもを持つ親の相談に乗っていたこと、オウム幹部は坂本弁護士の動き方に警戒心を抱いていたこと、事件現場にはオウムのバッジであるプルシャが落ちていたこと、事件から三ヵ月後の一九九〇年二月には、坂本弁護士「失踪」事件に関わりながら、その後教祖と仲たがいした一信者が、子どもの遺体を埋めた場所を神奈川県警に通告していたこと——これらを重ね合わせるなら、遅くともこの一九九〇年初頭の段階で、オウム真理教の「暴走」を食い止め得るだけの「捜査資料」を神奈川県警は手にしていたのだと言える。

ところが、神奈川県警が一九八〇年代に行なっていた共産党幹部宅電話盗聴事件に関する裁判で原告側弁護人であった坂本氏は、県警からすれば「敵」であった。そのために県警は基本捜査を徹底してサボり、一部報道機関を使って、坂本弁護士の金銭横領疑惑や内ゲバによる失踪情報を流すばかりであった。警視庁捜査一課は一九九一年八月、オウム捜査専従班を設けたが、神奈川県警から横槍が入り、わずか二カ月で解散に至っている。各警察署の「管轄権限」が壁になって立ちはだかったのである。権力としての警察は、こんなことまで敢えてするものなのだという事実を、私たちはしっかりと頭に刻み込んでおかなければならない。

松本サリン事件は、先に触れたように、一九九四年六月の出来事である。地下鉄サリン事件は一九九五年三月である。上に述べたような歴然たるオウムの「痕跡」を犯行現場に残しながら、しかも遺体埋葬現場の「垂れ込み」情報もありながら、坂本弁護士事件の捜査・摘発がわが身に及ぶことがなかったこの四～五年の間に、オウム真理教は、警察の捜査能力の低さを嘲い、嘲り、増長したのであろう。オウム教祖は、それほど強大なものではないと見くびった「国家権力とのたたかい」を信者たちに号令した。国家が独占している暴力をオウムが手にできれば国家に対抗できると幻想して、銃・VXガス・サリンなどの武器と毒ガスの開発に全力を挙げた。国家権力を無化する方向性においてではなく、国家の真似事を目指したオウム教祖は「省」という権力機構を設け、今回処刑された人びとを担当大臣に任命した。人生上の迷いや苦しみの救済を一宗教に求めたに過ぎない若者たちは、こうして「国家遊び」に興じるうちに、「国家」の名の下でなら暴力を行使し、殺人をすら行なうことに、何の疑念も躊躇いも抱かなくなったのである。

この哀しい「殺人者」が生まれることで、二九人の死者と六、四〇〇人もの後遺症に苦しむ人びとが生じた。今回処刑された「罪びと」たちの背後に、この巧みに隠されている事実を探ること——煽情的な報道からは常に離れて立ち、事態を冷静に見つめたいと思う。

（第二二回　二〇一八年七月十日）

時代状況を照らす三本の新聞記事を読んで

七月末の連続した三日間、異なる新聞三紙で、共通の問題意識に基づく記事を読んだ。ここ数年、私自身が考えていることとも重なり、興味深く読んだ。七月二十三日付け朝日新聞は、「冷笑主義、社会覆う?」と題した記事を掲載した。国会での首相答弁の嘘に合わせて現実が破壊される（=公文書が偽造される）と、政治の土台が覆される。すると国会での議論それ自体がまともに機能しなくなる。こんな現実を見た市民は、シニシズム（冷笑主義）に陥るほかないと指摘する。まさに、二〇一八年の日本の現実である。

或る大学教師の発言も見過ごせない。日本の高度成長期に異なる型の民主主義論を展開した政治学者、松下圭一と藤田省三の議論を紹介して、学生に報告を求めると、日ごろは自説を言わない多くの学生が、藤田の議論に「老害」「悪口ばかり」といって、強い反発を示したという。藤田は、ご存知の方も多いだろうが、現代日本社会における同調圧力の高まりを指摘し、抵抗や異質な存在なくしては民主主義が損なわれるということを、硬質な文体で強調した。「政府を批判ばかりしている野党」的な存在にならないよう慎重に振舞う現代の大方の学生たちには、藤田の立論自体が理解を絶する対象になっているようだ。

七月二十四日付け赤旗は、「安倍内閣と〝ウソ〟その危険性は」とのインタビュー記事を掲載した。精神科医・香山リカは、安倍が強迫観念にも似た強い「使命感」に突き動かされて「独裁者の万能感」に浸っていると指摘する。農業史＋ドイツ近現代史の藤原辰史は、「レベルの低い嘘を蔓延」させた安倍首相は、国民を諦めと政治的な関心の喪失へと誘ったという。それは「ナチスの政権掌握の過程に酷似」している。香山は、権力を得た凡人が傲慢になるヒュブリス・シンドローム（傲慢症候群）にも触れているが、それに触発されて、私は、中国北宋代の詩人・書家・政治家の蘇東坡の有名な一句を思い出す。

「願わくば子供は愚鈍に生まれかし。さすれば宰相の誉を得ん」

人類は古今東西、最も政治家になってはならぬ人間こそがそれになりたがり、民もまたそんな人物に「自発的に隷従」（エティエンヌ・ド・ラ・ボエシ著『自発的隷従論』、ちくま学芸文庫より）するという哀しい歴史を、愚かしくも、繰り返しているのかもしれぬ。

七月二十五日付け毎日新聞夕刊は『「赤坂自民亭」に批判許さぬ空気』との記事を掲げた。西日本豪雨で被害が生じているさなかに、首相と政権幹部が酒盛りをしていたことを問題視する報道や発言に対して、「与野党一体となって災害対策や復興策を考えるべき時に、政権を攻撃するな」との批判が浴びせられたという。

これも既視感のある言動だ。一九九〇年の湾岸戦争、一九九六～九七年のペルー日本大使公邸占拠・人質事件、二〇〇三～〇四年の対イラク戦争などの「国難」的な事態が生まれると、中西輝政、山内昌之などのような大学の教師が先頭に立って、「一国の運命に関わる事態のときには、政府批判を止めてでも一致した国論をつくりだすべきだ」とか「与野党合意の上でイラク法案の成立を期すべきだった」などの「言論」を繰り広げた。政府や与党が「どんな立場で」「何を」しようとしているのかをめぐる討議に封印し、ひたすら「国論の一致」を要求する権力者的な道はどこへ通じるのか。歴史的な「負」の教訓は、あちらにもこちらにも、ころがっている。

ふだん学生に接する機会が少ない私は、藤田省三をめぐる彼らの言動には、「現実はかくまでか」といささか驚くが、ここに挙げた他の言動は、ネット上ではありふれた類のものだ。

この「名づけようのない」時代と、いかに渉り合うのか――困難ではあるが、刺激的でもあるこの時代状況の只中を、私たちは、ともかく生き抜かなければならない。

（第二二回　二〇一八年八月十日）

官邸主導のニュースづくりは、災害報道でも……

日曜日の夕方、家にいると「笑点」を観てからチャンネルをＮＨＫに切り替え、国際ニュース解説的な番組を「ながら的に」観るのが、かつての習慣だった。いつの頃からか、後者の番組の性格が変わった。国際ニュースを扱うのは同じだが、スタジオには「無知で」「おバカな」芸能女子が（時には男子も？）いて、途中からＮＨＫの男子「解説委員」が登場して話し始めると、女子は「なんでだろう？」「へえ、そうなんだ」と「感心する」というパターンが常套化して、嫌気がさした。何でも知っている男子が得々と解説し、無知な女子が感心して聴くというスタイルを、今時になっても採用して恥じないＮＨＫ番組制作「幹部」と「現場スタッフ」の鈍感極まりない感性と低劣な価値観に、心底、絶望した。だから、観ることを止めた。

九月九日の同番組は、予告によると、朝鮮民主主義人民共和国建国七〇周年の「軍事パレード」と、難民排斥を公言する右翼政党の躍進ぶりが予想されているスウェーデン総選挙について放映するという。いわゆる「拉致」問題についての発言を続けており、世界を覆う排外主義の台頭を憂慮しながら見つめている私としては、我慢して観るしかない。この日、スタジオにいる女子タレントのひとりが、イラン生まれのサヘル・ローズだったので、いくらか救われた内容にはなった。大手メディアの報道にあっては、「小国」や難民が抱える問題が不当な扱いを受けることはありふれたことだが、サヘル・ローズの発言が引く補助線は、朝鮮の軍事パレードに関してはありきたりではあったが、問題をいくらかは重層的・複眼的にしたからである。だが、男子解説者が言うことは、相も変わらず、朝鮮国と米国の関係性を語る点において非対称的だった。彼からすれば、難航しているのは「北朝鮮の非核化」であって、韓国・駐留米国・米国と軍事同盟を結びその「核の傘」の下にある日本の「非核化」も同時に課題になっているのだという問題意識は、かけらも持たずに「解説」するのだった。

スウェーデン総選挙については、現地駐在のNHK女子特派員が、移民の二世・三世の犯罪率が高く、それが移民に対する反感の理由の一つになっていると語っていた。日本でも「外国人」の犯罪率に関して同様の物言いを聞くことがあるが、それは事実に反していることを知る身としては、この「安易な」解説は信じまいと思った。

この数日間は、日ごろは見聞きしないNHKラジオやテレビの報道に接する機会が多かった。知人が多い関西での豪雨被災や、北海道での地震の様子が気になるからだ。そこで、奇妙なニュースの在り方に気づいた。災害による死者の数が、警察によってではなく、首相の口からまず発表されるのだ。一瞬にして流れゆくニュースなので、文字通りの再現はできないが、「心肺停止」を奇妙な文脈で使っていた例もあった。水浸しになった関西空港の営業再開についても、北海道電力の停電からの復旧についても、国営企業でもあるまいし、本来ならば民間事業者自身が説明するところだが、首相がいち早く「明日には復旧・再開」などと断言する様子が、堂々とニュースになっていた。度重なる重大な災害を気にして、自民党は総裁選挙の広報活動を「自粛」する期間を設けたようだが、それだけに、「先頭に立って決断する首相」というイメージをなりふり構わず喚起したかったのだろう。同じ穴のムジナとはいえ石破氏はそれをやる条件を持たないから、ここでも現役首相の露出度が目立つことになる。何事につけても、首相の「やってる感」を演出することに長けた振付師のほくそ笑みが、目に浮かぶようだ。このような見え透いた意図を持つ、官邸主導のニュースづくりが、NHKを主要な舞台にして日々行なわれている。二〇〇六年、自民党総裁選挙を前に、安倍氏には必ず「国民的な人気が高い」との枕詞を付して報道したのも、NHKニュースだった。こんなニュース現場で苦闘しているかもしれない、心ある職員の生の声が聴きたい。

（第二三回　二〇一八年九月十日）

政治家の言動と、私たちの恥ずかしさ

あるところで、「ロシア革命百年講座」を全六回で行なっている。ソ連体制崩壊から早や四半世紀が過ぎて、党と政府の下で厳格に管理されてきた秘密文書の公開も進み、ロシア革命は新たな視点で解釈・分析されるべき時期を経つつある。刺激的だ。前回は、最高権力者（独裁者）と文学者の関係の問題を考えた。スターリンも、一筋縄ではいかぬ人物だ。ボリシェヴィキに批判的な劇作家が書いた戯曲の舞台を観に、何度も足を運んでいる。「敵」を知り、その利用方法を考え抜くのだ。独裁者とはいえ、文学や舞台の世界にも浸る政治家がいた事実を思うと、日本の現在の政治家の文化的な「貧しさ」はどうしたものだろうと、と慨嘆する質問が出た。

確かに、と誰もが嘆息をつくだろう。若いころ、武田泰淳の『政治家の文章』を読んだ（岩波新書、一九六〇年）。中身をよくは覚えてもいないが、政治家が書く文章の拙さをあげつらったものではない。政治的立場はどうあれ、深みがあり、読みでのある文章を残した政治家を扱ったものだった。一九一〇年代から四〇年代にかけての政治家だったろう。

いきなり現代に戻るが、もっとも政治家になってはいけない人物が、奇怪な政治・社会状況の下で保守党の総裁になり、したがって首相の座が約束されたころ、彼は『美しい国へ』と題する本を出版した（文春新書、二〇〇六年）。仕方なく読んで、およそ政治の本質からかけ離れ、文化の「香り」がかけらもない中身に一驚した。その時も泰淳の本のことを、懐かしく思い出した。同時に思った。当然の末路だ、これは——と。

私は、一九八〇年代後半、『諸君！』や『正論』などの右派雑誌に歴史的・実証的検証に堪えられない文章が（左翼への罵倒用語と共に）載り始めたとき、暗澹となった。こんな水準の文章が大手をふるって罷り通るなら、これはとんでもないことになるぞ、と思った。保守派言論の「劣化」をありありと感じ取ったのだ。それから三十数年が経ち、あの時の水準が社会全体に行き渡って、今日がある。『新潮45』をめぐる今回の事態は、私からすれば、何を今さら、という思いしかない。民族的差別と排外を煽動する文章や言葉は、ずっと以前から『週刊新潮』を持つ新潮社に限らず、文藝春秋や小学館はもちろん、ときに、ケント・ギルバートの本を出す講談社などの、大手の出版社の雑誌や単行本に躍ってきているではないか。排外主義と民族的差別感情を「隠し持つ」首相の存在や、それを露わに表現する在特会の存在は、積み重ねられてきたこれらの現象によってこそ担保されているのだ。

「劣化」の一例をさらに挙げよう。他人が漢字の読み違いをしたことをあげつらうのは、あまりよい趣味とは思えない。だが、何事にも「限度」というものがあろう。とりわけ、学ぶ機会が保証された人生を送ってきて、それなりの年齢になった人間の場合には。故・宮沢喜一元首相が安倍晋三氏について書いたことがある。議員に成りたての安倍氏が会議で「がいちてき、がいちてき」としきりに言うので、なんのことかなと思ってメモを覗くと、「画一的」と書いてあった、と。国会答弁で

「云々」が「でんでん」となり、先の国連演説で「背後」を「せご」と読んだのには、一事が万事の「背景」(「せけい」とお読みください)があったと言うべきだろう。

国会質疑を思い起こせば、対話能力にも深い疑問が湧き出よう。あの答弁をしている人間が、国際会議や二国間会議では「日本国を代表して」何事かをしゃべっているのである。先月末のトランプ大統領との会談でも、あの口で、二国間の経済・貿易の在り方に関して何事かの約束をしてきているのである。

私は、ひたすら恥ずかしい。随所で無知をさらけ出す安倍氏のことを恥ずかしく思うのではない。こんな人物を六年近くも首相の座に就けたまま、引きずりおろすことが出来ない私たち自身が恥ずかしいのである。

(第二四回　二〇一八年十月十日)

世界に影響を及ぼす、米国のいくつもの貌

このしばらくの米国の政治・社会の状況からは、目が離せない。日ごろから、選挙に過大な期待を寄せることはない。昨今の日本の選挙のように、社会を構成している人間の中で、その政治的・社会的・思想的識見から見ても、品性・人格から見ても、最悪の人物をわざわざ選んでいるのではないか――と思えるような事態が続いていて、国会にそれが如実に反映している現実を日々見せつけられていると、選挙に基づく代議制への不信は増すばかりとなる。私たちの心に忍び寄るシニシズム(冷

笑主義）は、その直接的な結果だ。にもかかわらず、選挙が持つその限界性の中にも、一筋の光を見出すことも稀にある。

今回の米国の中間選挙の結果は、その一例といえようか。民主党が勝ったとか、上下院の議員構成が「ねじれ」になったとかに注目しているのではない。二年前の大統領選挙でドナルド・トランプに勝利をもたらした一因は、対立候補＝ヒラリー・クリントンのような超エリートたちによって支配されている政治の構造そのものに対する絶望と批判が深かったからだ。その民主党の内部から、女性、移民、先住民族、性的少数者、若者など、社会の中で制度的に「周縁化」されてきた社会層の声を反映させるであろう代議員が幾人も生まれ出た。共和党の頑強な地盤＝テキサス州においても、保守強硬派の共和党テッド・クルーズに敗れたものの、ベト・オルークが肉薄した。ベトを「未来のオバマ」と呼ぶ人びとやメディアもあるが、既成の支配的なイメージになぞらえて新しい芽を摘むことはしたくない。私などは「未来のオバマ」と聞いただけで、他所の国で無人機やドローンによる無差別爆撃を自在に展開したり、「9・11テロの主犯」と裁判もなしに断定した人物を殺害する軍事作戦を他国に侵入して実施し、自分はホワイトハウスの一室でその様子を現場中継で観ていたり、プラハや広島で核兵器をめぐる空虚な演説をしてあたかも「平和の使徒」のようにふるまったりする、何の変哲もないありきたりの米国型政治家を連想してしまい、「夢」も「希望」も失せてしまう。新しい「代議員」たちが、見慣れた政治の光景をどこまで変えることができるか、リコール権を持つ草の根の民衆がそれをいかに支援・監視できるかに注目し続けたい。

この中間選挙が行われた翌日の十一月七日夜、ロサンゼルス近郊の町で、現在の米国を象徴する出来事が起こった。一五〇人の人びとを集めて開かれていたカントリー・ミュージックのイベント会場のバーで、二十八歳の若者が銃を乱射し一二人を殺害して、自らも自殺した。容疑者は元海兵隊員で、機関銃手だったという。二〇〇八年から一三年まで海兵隊に所属し、一〇年十一月から一一年六月までアフガニスタンに派兵されていた。心的外傷後ストレス障害（ＰＴＳＤ）を抱えていたとも報道されている。十八歳から二十三歳まで海兵隊に所属し、アフガニスタンに派兵されたのは二十歳だったことに注目したい。社会のどこにでもいるごくありふれた青年が、かの海兵隊の、性差別と民族差別の言動を伴う集中的な軍事訓練を受けて、躊躇うことなく「敵」を撃つことのできる兵士に変貌したのは、心柔らかき二十歳前後のことだった。除隊後市井の生活に戻った彼は、戦時に自らが行ない得た軍事的なふるまいに眩暈を覚え、苦しんだことだろう。海外派兵を終えた自衛隊員の自殺率が異常に高いという報告も思い出したい。米国の新しい「代議員」たちが、他所の土地で当たり前のように戦争をし続けて来た米国の恐るべき近現代史に向き合って、これを断ち切る動きに歩み出る時、米国政治の真の変革が始まるだろうと期待したい。

　ホンジュラスを中心に中央アメリカ諸国から出発し、現状で九、〇〇〇人に及ぶという「移民キャラバン」は、今日もメキシコ国内を北上し、米国へ向かっていよう。これは、米国などの大国が力に任せて全世界に強要してきた新自由主義経済政策によって生きる手段を失った人びとが、事の因果の「因」に向かって移動していると捉えるべきだろう。とりわけホンジュラスの場合には、中道左派の政権を倒した二〇〇九年のクーデタを背後で操り、その後も「親米派」の政権を支え続けている米国の責任こそが問われるべきだろう。これについては、別な機会に詳論したい。

（第二五回　二〇一八年十一月十日）

外国人労働者の受け入れと排外主義

一ヵ月ほど前だったか、新宿の大型書店のチラシで「外国語書籍コーナーにベトナム語書籍大量入荷！」という趣旨の宣伝文句を見かけた。数千冊を常備するという。在日ベトナム人に関わるニュースが目立つなとは思っていたが、調べると、いまや二四万人のベトナム人が日本で働いていると知って、不明を恥じつつ言うが、少なからず驚いた。

思えば、「帝都の中の異邦人の群れ」という小さな文章を私が書いたのは一九八六年のことだった。新宿・歌舞伎町などの繁華街周辺だけではない、私たちが日常的に住まう地域にも、生活感を漂わせた非白人外国人の姿が目立ち始めたのはその数年前からだった。一九九〇年には、当時の政府が日系人に限定した特別枠を設定し、単純労働「力」としての就労目当ての入国を認めた。移住者が多い中南米諸国から日系二世・三世が殺到し、最大時その数は三〇万人を超えたと言われた。一九九三年、外国人技能実習制度が導入された——こうして、およそ三十年以上も前から、外国人労働者という存在は私たちの目に入っており、行政もその「対応策」を小出しに講じてきたのだった。だが、一九九九年当時の政府は、専門的・技術的分野の受け入れは「積極的に推進する」も、単純労働者受け入れは「十分に慎重に対応」との方針を頑なに維持していた。その後の歴代政権も同じような路線を採用してきたが、二十一世紀に入りアジア諸国との間に経済連携協定が締結されると、介護福祉士の候補生の受け入れが、インドネシア、フィリピン、ベトナムなどから始まっている。

その後、技能実習生が強いられている劣悪な労働環境、「退去強制令」を受けた外国人が収容されている入管施設における虐待・暴行・長期拘留、母国に強制送還される航空機内での入管職員による「制圧行為」による死亡事件、受け入れ態勢の不備――など、この社会が外国人労働者をどのように処遇しているかを示すいくつもの悲痛な事実が明らかになった。現長期政権は、外国人の流入を極度に嫌う民族排外主義的な社会層の中に強固な支持基盤を持つのだが、首相は今年二月に唐突にも、「人手不足に対応するため」外国人労働者受け入れ拡大策を検討するよう関係閣僚に指示した。首相は「在留期間の上限を設定し、家族帯同は基本的に認めない」という条件を付したが、それは、排外主義者たちへのせめてもの「弁解」だったのだろう。首相は、また「移民政策ではない」としきりに強調するが、これも実態を〈言の葉〉で覆い隠そう（ごまかそう）とする努力なのだろう。

それからわずか十ヵ月足らず、改訂入管法案は成立した。二〇一二年の第二次安倍政権成立以降、国会審議は惨めなまでに崩壊しているが、その極限を行くかのように、首相はじめ閣僚はろくな答弁もできないまま、具体策は今後省令での設計に委ねると言い募るばかりだった。野党は、十五年から十七年にかけて実習生六九人もが疾病・自殺などで死亡しているが、この異常な数字を放置したまま、つまり原因の究明と対応措置の採用なくして、新たな入管法制定はできないと迫った。それに対して首相は「今初めて聞いたので答えようがない」とヘラヘラと答弁した。私はこの答弁を見聞きしながら、次のことを思い出した。

二〇〇二年九月十七日、日朝首脳会談で朝鮮国の金正日総書記は同国特務機関が日本人拉致を行なった事実を認め、謝罪し、二度と再びこのようなことを行なわないと約束したが、同時に日本政府が認定していた拉致被害者一三人のうち八人は様々な理由で死亡していることを明らかにした。被害者家族会・メディア・世論はこの異様な数字に激昂し、これ以降今日に至るまで日朝間の対話を日本側が率先して行なった事実はない。この路線を推進した中軸には、対朝鮮国最強硬派の現首相がいる。私は、拉致は朝鮮国の国家犯罪であり、被害者の死亡率の高さも異様だと思う。だから、この困難な事態の打開のためには何が重要かを明らかにするために、日朝関係と拉致問題についての積極的な発言を続けてきた。

その意味で、拉致被害者救済のために〈熱心な〉発言と活動を続けてきたこの社会のメディア・政府・世論は、三年間での外国人技能実習生六九人もの死に何を思い、どう発言するだろうというこどに関心を持つ。無責任の極みと言うべき首相の発言は、上記の通りだ。入管法採決の参議院本会議場で〈懸命な〉抗議を行なった一野党議員が叫んだのは、「この国に生きる人々を低賃金競争に巻き込むのか?」という発言だった。低賃金に〈甘んじる〉外国人労働者の受け入れは日本人労働者の賃金引下げに直結するだろうというこの論理は、入管法改訂の本質を捉え損なっていよう。残念ながら、むしろ、排外主義の煽動に直結するだろう。

外国人労働者を「使い捨て」ようとする政府・与党・官僚・経団連の目論見は、もちろん、論外だ。だが、これに対峙する私たちの側も、けっこう危うい。もはや避けるべくもない「外国人労働者がさらにやって来て、家族ともども定住する」現在と未来に向けて、私たち自身の足元が問われている。

（第二六回　二〇一八年十二月十日）

第三章 芸術から社会を語る

これまでの章には入らない範疇の文章と講演記録をここには収めた。まず、この数年間は南米チリの文化的鼓動を伝える映画や刺繍に触れる機会に恵まれ、それを道しるべに、これまでの私の仕事の主要な軸の一つであったスペイン語圏の文化表現に関わる文章をまとめた。次に、国家は「戦争の発動」と「死刑の執行」によって「殺人の権限」を独占しているが、戦争についてはこれまでの章でも重ねて述べているので、私が主要な目標としている「死刑廃止」に関わる文章をまとめた。「死刑囚の表現」という観点からこの課題が論じられる機会は少ないと思う。この「秘められた」制度が孕む問題性はさまざまな角度から批判的に提起され、論議が深められなければならない。他に、東アジア地域に唯一遺る王制としての天皇制に関わる文章や、作家・津島佑子の思い出なども収めた。いずれもが、決して手放したくはない私の課題に繋がっている。

「9・11」に考える映画『チリの闘い』の意義

チリの映画監督パトリシオ・グスマンは、一九四一年生まれで、いま七十五歳です。チリやラテンアメリカはもとより、世界的にもかなり高名な映画監督です。なぜか、日本での作品公開は非常に遅れ、昨年秋、山形国際ドキュメンタリー映画祭で『チリの闘い』が、次いで岩波ホールで、『光のノスタルジア』と『真珠のボタン』という最新作が相次いで公開されました。それから一年も経たずして、いま、『チリの闘い』のロードショウを迎えているのです。これらすべてをご覧になった方がおられるとして、全作品を通して共通するのは、一九七三年のチリ軍事クーデタへの強烈な関心です。なぜなのでしょう？　監督がチリ人であることからくる、一国的な特殊な事情があるのでしょうか？それとも、異邦に住む私たちにも関連してくる、世界的な普遍性があるのでしょうか？　今日は、この問題を考えてみます。

一九七〇年選挙――社会主義政権の成立

映画が語るように、一九七〇年に選挙が行なわれ、一九三〇年代から社会主義者として政治活動を行なってきたサルバドル・アジェンデが大統領に当選します。選挙を通して社会主義政権が成立したのは、世界史上これが初めてです。アジェンデは「武器なき革命チリの道」を模索します。とはいっても、演説でもお聞きのように、社会主義への強い確信を持つ人です。「社会主義革命」は、いかに平和的なものであったとしても、現行秩序を壊さずにはおれないのです。

国内的に見てみましょう。当時のチリのように、貧富の格差がはなはだしい社会で現行秩序を壊そうと思ったら、経済的に公平で、格差をなくす社会になるような、社会福祉政策に重点をおくことになります。ほんの数例を挙げます。主要食糧品の物価を凍結しました。十五歳以下の子どもに、一日〇・五リットルの牛乳を無償で供給しました。農民が自らの土地を耕し、そこから収穫物を得ることができるように大土地所有制を解体しました。

対外関係を見てみましょう。チリが世界でも有数の銅資源を持つことは、映画が語っています。これを産出する銅鉱山は米国企業の手中にありました。他にも、銀行などの金融資本、国際電信電話事業も米国企業に支配されていました。ここから生み出される富を、チリの民衆は享受できなかったのです。これを接収し、国有化しました。経済の自律性を持とうとしたのです。

また、革命は、政治・経済過程の変革にのみ留まっていることはできません。その只中を生きる人びとは、旧社会の中で身につけた価値観、日常意識、人生観を持ち続けています。必要ならばそれをも転倒する文化批判、文化革命が求められるのです。メディア、学校教育、社会教育など、批判の俎上に乗せるべき対象はたくさんあります。映画はどうか。ハリウッド映画が市場を独占しています。ハリウッド映画がどんな価値観に基づいて物語を組み立て、それを映像的に表現するものであるか。表面的には「無垢な」キャラクターが活躍するディズニー映画や漫画は、どんな価値観を子どもの脳髄に埋め込もうとしているのか。テレビはどうか。日本のアニメも評判を得つつある時代でしたが、米国製の番組の花盛りです。女性誌はどうか。これらの雑誌は、それぞれの年代の女性たちをどんな未来へ誘導しようとしているのか。このような問題意識に基づいて、社会に広く浸透している文化のあり方に対する批判活動が、チリ革命の中では行なわれました。これは、他の社会革命と対比しても特徴的なことであったと思います。

一九七〇年に始まるチリ革命は、このような形で、平等・対等な社会関係に向けて、今ある秩序・現行秩序の変革に取り組んだのです。この改革が進めば、当然にも、既得権益を奪われる勢力が存在します。旧来の秩序の中での特権層です。だから、彼らは、進行する革命を妨害します。あわよくば、これを覆そうとします。映画『チリの闘い』が描いているのは、この階級闘争の過程なのです。小国が自主・自立を目指す試行錯誤は、どんな国内的・国際的な環境の下で行なわれたのか。これを知ることは、世界普遍的な意味をもつのです。

一九七三年九月十一日に至る過程に見るべきもの

では、その過程から何が見えるか、ということを考えてみます。映画を見て真っ先に気づくのは、チリの人びとを切り裂く「階級差」です。現在の日本のように、新たな貧困問題に直面してはいるものの、高度な産業社会・消費社会になると、階級差というものはそう簡単には見てとることができません。その点、当時のチリは違います。人びとの顔つき、表情、服装、言葉遣いから、その人がどんな「階級」に属しているかが、はっきりとわかります。集会やデモに出ている民衆の顔つきと服装を思い出してみてください。それと比較して、たとえば、立派な軍服で身を固めた高級軍人たちの姿を思い起こしましょう。多くが白人エリート層であることは歴然としています。暗殺された仲間を悼む集まりなのに、あの余裕のある、自信にあふれた表情の男たち。カメラを持つ人は、クーデタ必至の政治状況の中で、この男たちはいったいどんな立場を取ろうとしているのか、何を企んでいるのかを記録しておかなければならない、と思い詰めてでもいるかのように、執拗に、舐めるように、高級軍人たちの顔を映し出していきます。加えて、いかにも「ブルジョワの奥様」然とした、一群の女性たちの姿も思い浮かべることができます。

次に、集会やデモ、隠匿されていた日常品を摘発し、みんなで分配するシーンに、それぞれ、どんな年齢層の人びとが、男女のどちらの性の姿が、多く見られるかという問題です。鉱山労働者の集まりが男たちだけになるのは、労働の質からいって、当然です。ただし、日本で石炭産業が栄えていた時には、また世界のどこであっても鉱山地帯では、妻たちが鉱山主婦会を組織して、活発に活動していました。そんな姿が映し出されれば、異なる視点が得られたかもしれません。民衆や左派の集会やデモでは、どうだったでしょうか。やはり、男、それも若い男の顔が目立ったのではないでしょうか。二十世紀型の社会運動にあっては、ある意味で日常的な生活の「束縛」から解き放たれて、自由にふるまうことができる者が活躍した時代でした。家族をもつ男の場合は、相手との関係でそのようにふるまう条件をつくってしまう。いわば、若く、体力があり、時間的にも自由が利く者が、運動に「専従」したのです。それによって生み出される、運動の活力もあったでしょうが、同時に、運動に「歪み」も生じただろう。このような観点から振り返るのが、現代的な視点だと思います。日常必需品の仕分けの場には、やはり、女の姿が目立った。重いものを仕分けるので、男の姿もありましたが、圧倒的多数は女だった。「役割分担」は、現実的には否応なく出てくるのですが、そこにどんな問題が孕まれるかは、考え続けなければならず、「歪み」があれば解決しなければならない。

反アジェンデ派、右派、ナショナリストたちの集会やデモでは、どうだったか。エリート校であるカトリック大学での、反アジェンデ集会では、いかにも裕福な家庭の出身だろう女子学生の姿が目立ちました。カトリック教会が保守の牙城であり、キリスト教民主党が有力政党である現実から見ても、富裕層や中産階級上に属する社会層は、それなりに分厚かったことがわかります。そんな人びとの集まりでは、先ほども使った言葉ですが、「ブルジョワの奥様方」が、けっこう楽し気にふるまっていたのが印象的でした。

次に、軍隊の問題を考えます。それまでの二十世紀の社会革命では、ロシアでも中国でも、キューバでもアルジェリアでもベトナムでも、武装革命として勝利しました。人民軍、解放ゲリラ部隊、赤軍、人民解放軍などを組織して、国軍、政府軍と武力抗争を行ない、これを打ち破って革命の勝利が実現したのです。解放軍はその後の社会では国軍＝政府軍となるのですから、そこで新たな、深刻な問題が派生することもありますが、それは、きょう考えるべき課題からは逸れます。

さて、アジェンデは、あくまでも平和革命路線を追求しました。それまで歴代政権の下にあった軍隊は、いわばブルジョワの軍隊という性格を色濃く持ち続けています。だが、アジェンデは軍隊には手をつけなかった。古今東西の歴史が教えるところでは、国軍としての軍隊は、国内的に一旦火急あれば戒厳令の下で民衆鎮圧活動を躊躇うことはありません。時の政府が好戦的であれば、「自衛」の名の下で他国に侵略戦争を仕掛けます。軍隊とは、そういうことが可能な、武装部隊なのです。事実、チリにおいて、右翼と米国ＣＩＡは、選挙を通してアジェンデを敗北させることに失敗すると、軍隊を利用したのです。他方、民衆は武装解除されており、銃ひとつ持つわけでもありません。日本でも、来年度の防衛費は五兆円を超え、自衛隊は二五万人の兵力を抱えています。国家予算によって保証されているこのような武装部隊が、その武力を背景に政治の前面に出てきたら、どうなるか。チリの軍事クーデタが物語るのは、この問題です。それは、対岸の火事ではないのです。

非武装の民衆と、時の支配層の意思ひとつでいかようにも動かすことができる国軍という対比において、軍隊が本質的に持つ問題性を考えるべき時期がきています。

マスメディアの問題もあります。「世論」形成に重要な役割を果たす巨大メディアが、どんな立場に立って、何を報道し、何を報道しないか。その選択基準は何によって左右されているのか。日本の現状に照らしても、見逃すことのできない問題がここにはあります。

一九七三年

さて、こうして見てきたチリ階級闘争においては、右翼が軍事クーデタという非常手段によって勝利しました。アジェンデの平和革命路線は挫折したのです。軍事政権下で、いかなる時代が始まったか。新自由主義の世界制覇の時代は、ここを先駆けに始まったのです。経済運営に無知なチリの軍事体制を支えるために、米国はシカゴ大学の経済学者、ミルトン・フリードマンに学んだ者たちを派遣した。彼らが指南した経済政策は、いわゆる「小さな政府」論です。国家予算によってカバーすべき分野を極力少なくする。そのぶん、民間企業間の競争原理に委ねるとよい。規制緩和、国営企業の私企業化、市場経済化、金融自由化、行財政改革、教育バウチャー（利用権）制度の導入などの政策です。私たちの耳目も、この間十分に慣れ親しんだ言葉ですね。

チリ軍事クーデタから七、八年を経た一九八〇年前後には、イギリスにサッチャー、米国にレーガン、日本に中曽根などの政権が確立し、新自由主義経済政策は世界全体に波及するようになります。日本社会に生きる私たちも、この政策が採用されて数十年経ったのですから、これがどれほどまでに社会のあり方を荒廃させるものであるかを、身をもって経験しています。経済格差の顕在化、非正規労働の増大に象徴される労働事情の激変、社会福祉政策の後退、総じて弱肉強食の価値観と現実が社会に浸透したのです。

米国は、チリ軍事クーデタを画策した以上、東西冷戦下でチリ国を「発展モデル」にするために「責任をもって」新自由主義の「実験場」にしました。それは、ソ連体制を崩壊に追い込んだ現代資本主義を全面開花させるまでに至ったのです。チリの経験は、こうして、世界的な普遍性をもつに至りました。

「9・11」

きょうは、九月十一日です。「9・11」といえば、十五年前の出来事を思い起こすのがふつうです。すなわち、ハイジャック機がニューヨークのワールド・トレード・センター・ビルやペンタゴンに自爆攻撃を仕掛けた事件です。昨夜からのテレビ・新聞は、十五年目の「9・11」を回顧するニュースにあふれかえっています。ところで、私たちが考えてきたチリ軍事クーデタの日付も、九月十一日です。一九七三年の「9・11」。今から四十三年前の出来事です。

十五年前の「9・11」事件の時から、チリやラテンアメリカからは、このもうひとつの「9・11」を忘れるな、というメッセージが発せられました。なぜなら、十五年前の米国はこの攻撃を受けて三、〇〇〇人有余の犠牲者を生み出したこともあって、まるで「世界一の悲劇を被った」国であるかのようにふるまい、「反テロ戦争」に踏み出そうとしていたのです。しかし、政治的・経済的・軍事的に身勝手なふるまいを行ない、近現代史において他国に多大な犠牲者を生み出すきっかけをつくってきたのは、他ならぬ米国ではないか。一九七三年のチリ軍事クーデタは、まさに、その一つの例証なのだ。それなのに、いまさら、被害者ぶるのは許せない——そのような思いが、溢れ出たのです。

私も、十五年前の「9・11」のときに、同じように考えました。これは、米国が自らの従来の外交政策を内省し、政策変更を大胆に行なう絶好の機会であり、「反テロ戦争」などという報復に乗り出すことがあっては、絶対にならない。だが、米国は、国を挙げて戦争に突入しました。そして、十五年後の現在、世界は「反テロ戦争」と「テロ」の、終わりなき応酬の時代を迎えているのです。この悲劇を生み出した大国・米国の責任は重大です。ですから、「9・11」は、メディアが報道するような、ひとり米国の「悲劇」としてではなく、無数の「9・11」を思い起こす機会にすべきなのです。

グスマンのフィルム?

さて、最後です。この映画の撮影中に軍事クーデタがおこり、グスマン自身も逮捕されてしまいます。撮りためてあったフィルムは、どうやって、生き永らえることができたのでしょう? この謎解きは、劇場用パンフレットでも明かされているので、ここで触れてもよいでしょう。映画が問わず語りに明かしているように、グスマンらは、軍事クーデタが早晩起こるのは必至との思いを抱きながらカメラを回していたことでしょう。事前に手を打っておかなければならない。グスマンには、ひとりのおじさんがおりました。ピアニストで、政治には無関係に生きている人なので、ここまでは弾圧の手が延びないだろうと考え、撮りためた16ミリ・フィルムを彼に託しました。まもなく、サンティアゴのスウェーデン大使館のスタッフがフィルムを取りに来ました。軍事クーデタに対するこの時期のスウェーデン政府の断固たる立場を明かすものでしょう。このあと、スウェーデンはチリから、大勢の亡命者を受け入れることになります。七〇年代後半から八〇年代にかけて、私は、それら亡命者が発行する機関誌“Combate”(闘い)を購読していました。

さて、フィルムがたどった「運命」に戻ります。スウェーデン大使館のスタッフは、バルパライソの港から、大量のフィルムを本国へ送ろうとします。軍や税関は、怪しいものとみて、これを阻止しようとします。しかし、特別取り扱いが必要な外交貨物です。手を付けるわけにはいきません。無事、フィルムはバルパライソの港を出ました。この港町の名をご記憶ですか。チリ有数の港湾都市であり、したがって、海軍の地盤でもあります。反アジェンデの軍隊反乱も最初ここで起こったのでしたが、これとの闘いを描いたフィルムも、この港を出る貨物船に乗せられたのです。

拘留が短期間で済んで釈放されたグスマンは、スウェーデンへ飛び、フィルムと対面します。いざ、編集にかかりたいが、資金が工面できません。自己資金はなく、スポンサーも見つからない。そこへ、キューバの映画芸術産業庁が協力を申し出ます。そこで、グスマンはキューバへ行き、そこの映画人の全面的な協力を得て、七五年の第一部、七七年に第二部、七九年に第三部を完成させて、世界に流通させることができたのです。もちろん、軍事政権下のチリでは無理でした。数奇なフィルムの運命です。生き永らえたのは奇跡的、とも言えます。フィルムよ、ありがとう、と言いたい気持ちです。

以上が、私たちがようやくめぐり合えている映画『チリの闘い』について、三〇分以内で語りたいことのすべてです。終わります。ありがとうございました。

（映画『チリの闘い』上映（二〇一六年九月十一日、東京・渋谷・ユーロスペースにて）後の講演）

「時代の証言」としての映画――パトリシオ・グスマン監督『チリの闘い』を観る

二〇一五〜一六年にかけて、われらが同時代の映画作家、チリのパトリシオ・グスマンの作品紹介が一気に進んだ。比較的最近の作品である『光のノスタルジア』（二〇一〇年）と『真珠のボタン』（二〇一五年）を皮切りに、渇望久しくも四十年ほど前の作品『チリの闘い』三部作（順に、一九七五年、七六年、七八年）がついに公開されるに至った。

前二作品を観ると、グスマンは、現代チリが体験せざるを得なかった軍事政権の時代を、癒しがたい記憶として抱え込んでいることがわかる。映画作家としての彼の出発点がどこにあったかを思えば、その思いの深さも知れよう。チリに社会主義者の大統領、サルバドル・アジェンデが登場した一九七〇年、二十九歳のグスマンは映画学徒としてスペインに学んでいた。祖国で重大な出来事が進行中だと考えた彼は、七一年に帰国する。人びとの顔つきとふるまいが以前とは違うことに彼は気づく。貧しい庶民は、以前なら、自分たちの居住区に籠り、都心には出ずに、隠れるように住んでいた。今はどうだ。老若男女、家族連れで街頭に出ている。顔は明るい。満足そうだ。そして、「平和的な方法で社会主義革命へと向かう」とするアジェンデの演説に耳を傾けて、熱狂している。貧富の差が甚だしいチリで、経済的な公正・公平さを実現するための福祉政策が実施されてきたからだろう。日々働き、社会を動かす主人公としての自分たちの役割に確信を持ち得たからだろう。

いま目撃しつつあるこの事態を映像記録として残さなければ、と彼は思う。『最初の年』（一九七一年）はこうして生まれた。翌七二年十月、社会主義革命に反対し、これを潰そうとする富裕な保守層とその背後で画策する米国ＣＩＡは、チリ経済の生命線を握るトラック輸送業者にストライキを煽動する。食糧品をはじめ日常必需品の流通が麻痺する。労働者・住民たちはこれに対抗して、隠匿物資を摘発し、生産者と直接交渉して物資を入手し、自分が働く工場のトラックを使って配送し、公正な価格で平等に分配した。グスマンはこの動きを『一〇月の応答』（七二年）として記録した。労働者による自主管理の方法を知らない人びとが参考にできるように。

七三年三月、事態はさらに緊迫する。総選挙で形勢を逆転させようとしていた保守は、アジェンデ支持の厚い壁を打ち破ることができなかった。米国の意向も受けて、反アジェンデ派は、クーデタに向けて動き始める。軍部右派の動きも活発化する。今こそ映像記録が必要なのに、米国の経済封鎖による物不足はフィルムにまで及んでいた。グスマンは、『最初の年』を高く評価したフランスのシネアスト、クリス・マルケルにフィルムの提供を依頼する。マルケルはこれに応え、グスマンはようやく次の仕事に取り掛かることができた。これが、のちに『チリの闘い』となって結実するのである。

この映画でもっとも印象的なことのひとつは、人びとの顔である。チリ人のグスマンも驚いたように、街頭インタビューを受け、デモや集会、物資分配の場にいる民衆の表情は生き生きとしている。もちろん、七三年三月以降、クーデタが必至と思われる情勢の渦中を生きる人びとの顔には悲痛な表情も走るが、革命直後には、人びとの意気が高揚し、文化表現活動も多様に花開くという現象は、世界中どこでも見られたことである。チリ革命においても、とりわけ七一～七二年はその時期に当たり、グスマンのカメラはそれを捉えることができたのだろう。カメラは、また、富裕層の女性たちの厚化粧や、いずれクーデタ支持派になるであろう高級軍人らのエリート然たる表情も、見逃すことはない。人びとの顔つき、服装、立ち居振舞いに如実に表われる「階級差」を映し出していることで、映画は十分に「時代の証言」足り得ていて、貴重である。この映画が、革命によって従来享受してきた特権を剝奪される者たちの焦りと、今までは保証されてこなかった権利を獲得する途上にある者たちとの間の階級闘争を描いていると私が考える根拠は、ここにある。

従来の特権を剝奪される者が、国の外にも存在していたことを指摘することは決定的に重要である。チリに豊富な銅資源や、金融・通信などの大企業を掌握していた米国資本のことである。アジェンデが選ばれることになる大統領選挙の時から反アジェンデの画策を行なってきた米国は、三年間続いた社会主義政権の期間中一貫して、これを打倒するさまざまな策謀の中心にいた。反革命の軍人を訓練し、社会を攪乱するサボタージュやストライキのためにドルをばら撒いた。先述した七三年三月の総選挙の結果を見た米大統領補佐官キッシンジャーは、それまでアジェンデ政権に協力してきたキリスト教民主党の方針を転換させるべく動き、それに成功した。この党が、七三年九月十一日の軍事クーデタへと向かう過程でどんな役割を果たしたかは、この映画があますところなく明かしている。このキッシンジャーが、チリ軍事クーデタから数ヵ月後、ベトナム和平への「貢献」を認められて、ノーベル平和賞を受賞したのである。血のクーデタというべき七三年「9・11」の本質を知る者には、耐え難い事実である。米国のこのような介入の実態も、映画はよく描いている。

グスマンの述懐によれば、この映画はわずか五人のチームによって撮影されている。日々新聞を読み込み、人びとから情報を得て、そのときどきの状況をもっとも象徴している現場へ出かけて、カメラを回す。当然にも、すべての状況を描き尽くすことはできない。地主に独占されてきた「土地を、耕す者の手に」――このスローガンの下で土地占拠闘争を闘う、農村部の先住民族マプーチェの姿は、映画に登場しない。チリ労働者の中では特権的な高給取りである一部の鉱山労働者が、反革命の煽動に乗せられてストライキを行なう。世界中どこにあっても、鉱山労働者の背後には鉱山主婦会があって、ユニークな役割を果たす。彼女たちはどんな立場を採ったのか。描かれていれば、物語はヨリ厚みを増しただろう。全体的に見て、民衆運動の現場に女性の姿が少ない。これは、チリに限らず、二十世紀型社会運動の「限界」だったのかもしれぬ。現在を生きる、新たな価値観に基づいて、「時代の証言」を批判的に読み取る姿勢も、観客には求められる。

自らを「遅れてやってきた左翼」と称するグスマンは、なるほど、いささかナイーブに過ぎるのかもしれない。当時のチリ情勢をよく知る者には深読みも可能だが、映画は、左翼内部の分岐状況を描き損なっている。アジェンデは人格的にはすぐれた人物であったに違いなく、引用される演説も心打つものが多い。彼を取り囲んだ民衆が、「アジェンデ！　われわれはあなたを守る」と叫んだのも事実だろう。同時に、先述した自主管理へと向かう民衆運動には、国家権力とは別に、併行的地域権力の萌芽というべき可能性を見て取ることができる。いわば、ソビエト（評議会）に依拠した人民権力の創出過程を、である。アジェンデを超えて、アジェンデの先へ向かう運動が実在していたのである。

軍事クーデタの日、グスマンは逮捕された。にもかかわらず、この16ミリフィルムが生き永らえたことは奇跡に近い。それには、チリ内外の人びとの協力が可能にした、秘められた物語がある。ここでは、ともかく、フィルムよ、ありがとう、と言っておこう。

追記——文中で引用したグスマンの言葉は、*El cine documental según Patricio Guzmán*, Cecilia Ricciarelli, Impresol Ediciones, Bogotá, 2011.に拠っている。

（『映画芸術』二〇一六年秋号／四五七号（二〇一六年十一月七日発行）掲載）

男たちが消えて、女たちが動いた──アルピジェラ創造の原点

私がメキシコに暮らし始めて二ヵ月半が経った一九七三年九月十一日、チリに軍事クーデタが起こった。その三年前の一九七〇年、選挙によって誕生したサルバドール・アジェンデ大統領のもとで、「社会主義へのチリの道」がいかに展開するかに期待を込めた関心を持ち続けていた私には、大きな衝撃だった。やがて、左翼・右翼を問わず亡命者を「寛容に」迎え入れる歴史を積み重ねてきたメキシコには、軍事政権の弾圧を逃れたチリ人が続々やってきた。女性が多かった。新聞に載った一女性の語った言葉がこころに残った。愛する男（恋人か夫）が軍部によって虐殺されたか、逮捕されたのだろう。「相手を奪われて、セックスもできない日々が続くなんて、耐え難い」。軍事クーデタへの怒りが、このような直截な言葉で語られることが「新鮮」だった。メキシコでは、チリ民衆との連帯集会が頻繁に開かれて、私は何度もそこへ参加した。

ラテンアメリカを放浪中だった私は、クーデタから一年数ヵ月が経った七五年二月、チリへ入った。アルゼンチンのパタゴニアの北部を抜けて、南部のテムコへ入った。リュックの荷物からは、税関で「怪しまれ」そうな本・新聞・資料をすべて抜き去った。

テムコは、世界的にも有名な詩人パブロ・ネルーダが幼年期を過ごした町だ。アルゼンチンで知り合ったチリ人が、テムコの実家に泊まってというので訪ねると、そこはネルーダの縁戚の家だった。アジェンデの盟友であり、自らも共産主義者であったネルーダは、七三年クーデタの直後の九月二十

三日に亡くなった。クーデタ当日はがんで入院していたが、政権を掌握した軍部の命令を受けた担当医によって毒殺されたという説が濃厚である。

私が訪ねた家も、クーデタ後何回にもわたって家宅捜査を受けたという。大家族で、芸術・文化の愛好者が揃っていたが、書物は少なかった。軍部によって焚書されたのだという。焼けただれた本も幾冊か、あった。十全な形ではもう読めないのに、捨てるには忍びなかったのだろう。夜が更けると、家族みんなが集まって、大声では歌えないアジェンデ時代の民衆歌や革命歌を歌った。メキシコで私も親しんでいた歌だったので、小さな声で合わせることができた。

テムコは、先住民族マプーチェの土地だ。スペイン人征服者（コンキスタドール）を相手に展開した激しい抵抗闘争で、歴史に名を刻んでいる民族である。アジェンデ政権期には、その要求が全面的に認められたわけではなかったにしても、マプーチェへの土地返還が、従来に比べれば大幅に進んだ。軍政によってこの動きは断ち切られ、彼ら／彼女らは逆風にさらされていた。今は物を言う状況にはないマプーチェの人びとの小さな野外市場で、いくつかの民芸品を買った。チリでは他にも、首都サンティアゴ・デ・チレでの、人びととの忘れ難い出会いがあった。しかし、軍政下ゆえの不自由さは、隠しようもなかった。それだけに、テムコでの想い出が、いまもくっきりと脳裏にひらめく。

数年後、帰国して間もない私のもとに、チリから国際小荷物が届いた。そこに、一枚のタペストリーが入っていた。布の切れ端で作られたパッチワークだった。アンデスの山脈を背景にした家々の前で人びとが立ち働いている。一〇人全員が女性だが、それぞれが何かを持ち寄って、集まって来るような印象を受ける。この時代、現実にあった、貧しい人びとの「共同鍋」の試みなのかもしれぬ。テムコのあの家族からの贈り物だった。由緒の説明はなかったように思う。突起部分があって、ふつうの額には収まらないので、ラテンアメリカ各地で買い求めた民芸品と共に、大事に箱にしまい込んだ。

それからずいぶんと時間が経って、二十世紀も末期のころ、私は編集者として一冊の翻訳書の仕事に関わった。「征服」期から現代にまで至る「ラテンアメリカの民衆文化」を研究した『記憶と近代』という書物である（ウィリアム・ロウ＋ヴィヴィアン・シェリング＝著、澤田眞治＋向山恭一＝訳、現代企画室、一九九九年刊）。そこでは、片方には軍政の抑圧、他方には革新政党のヒエラルキー構造や温情主義的な慣習をはびこらせた左翼の失敗の双方を乗り越えて、近隣の共同組織に依拠して日常生活や消費領域の問題を公的な政治領域に導入した動きとして、チリで行なわれてきた「アルピジェラ」と呼ばれるパッチワークの生産活動が挙げられていた。十数年前にテムコから送られてきたあの布地のことではないか！

同書は言う。「個人的な喪失や別離や極貧の経験を政治的事件の証言に変える試み」としてのアルピジェラは、「木綿や羊毛のぼろ布を使って日常生活のイメージを構成したものなのだが、その繊細で子供らしい形式とそこに描かれた内容とは衝撃的なくらい対照的である。それは大量収容センターのゲートの外で待っている身内の人々、軍事クーデタの日に軍のトラックに積まれた死亡した民間人、スラム街の無料食堂の場面、行方不明の身内との再会や、飢えや悲しみのない豊かな生活といった想像上の場面を描いている」。

軍政下での人権侵害を告発したカトリック教会は、「失踪者」家族支援委員会を運営しながら、アルピジェラのワークショップの開催、買い取りと販売を通して、生産者の経済的自立の手段を提供してきた、とも書かれていた。

アルピジェラの生産者が女性であることからどんな意義を読み取るか——同書はさらにその点をも

書き進めるのだが、その後私たちに届けられたチリの表現をも援用しながら、この問題を考えてみたい。アジェンデ時代のチリを振り返るために決定的に重要なチリ映画が二〇一六年にようやく日本でも公開された。パトリシオ・グスマン監督の『チリの闘い』三部作（一九七五〜七八年制作）である。この映画は、アジェンデ政権期の一九七〇年から七三年にかけての現実を、とりわけ七三年の、クーデタに至る直前の半年間の状況をドキュメンタリーとして捉えている。そこには、当時のチリ階級闘争の攻防が生々しく描かれている。アジェンデ支持派の集会、デモ、討議の場で目立つのは男性である。米国ＣＩＡに扇動もされたブルジョアジーが日常必需品を隠匿して経済を麻痺させようとする策動を行なうのだが、地域住民がこれに抗して独自に生活物資を集め仕分けする場面に、辛うじて女性の姿が垣間見える。

このように『チリの闘い』が記録してしまった一九七〇年代初頭の社会運動の状況と、アピルジェラをめぐる諸問題などを重ね合わせると、次のような課題が浮かび上がってくるように思われる。

（1）チリ革命を推進していた社会運動は、政党にあっても労働組合運動にあっても、性別分業に特徴づけられた男性中心主義の色合いを強くもっていたことは否めないようだ。それは、世界的に見て、一九七〇年代が持つ時代的な制約であったとも言えるのかもしれない。したがって、軍事クーデタ後の弾圧は、男性に集中的にかけられた。クーデタ直後に「デサパレシードス（行方不明者）」の写真を掲げて示威行動をしたり、グスマンの映画『光のノスタルジア』（二〇一〇年）が描いたような、クーデタから三十年以上経ってなお強制収容所跡地で遺骨を探したりしている人びとがすべて女性であることによって、それは裏づけられている。

（2）男性中心の諸運動は、こうして再起不能な打撃を受けたが、それは同時に、母、妻、娘として、親密な男性を失った女性たちが、その「喪失や別離」の体験を発条にして、新たな地平へ進み出ることを可能にした。男性優位の社会的な価値規範のもとで下位に退けられていた「女性的なもの」に根ざした表現として現われたのが、アルピジェラであった。それは、硬い男性原理から、柔らかな女性原理への転換が求められている時代を象徴していると言える。大言壮語に満ちた「大きな物語」を語る政治運動が消えて、日常生活に根ざした表現と運動が、支配への有効な抵抗の核となった時代――と表現してもよいだろう。

（3）チリ革命では、もともと、文化革命的な要素が目立った。アリエル・ドルフマンなどは『ドナルド・ダックを読む』（晶文社、一九八四年）、『子どものメディアを読む』（晶文社、一九九二年）などの著作を通して、子どもの脳髄を支配する文化帝国主義の批判を行なった。また、女性を伝統的な価値観の枠組みの中に閉じ込めるいわゆる女性雑誌の編集姿勢を徹底的に批判・分析した一連の作業もあった。若い男性主体の価値意識の中では低く見なされがちな大衆、子ども、女性などの社会層に働きかける文化批判が実践されることで、単に、政治・社会・経済過程の変革に終わらぬ、草の根からの革命の事業が活性化する可能性が孕まれていたのではないか。それは、時代が激変し、軍事政権下に置かれた時に、庶民の女性たちがアルピジェラという表現に賭けたこととも関連してくるものだろうか？

アルピジェラという民衆の文化表現からは、この時代を考えるうえで避けることのできない重要な問いがいくつも生まれ出てくるようだ。

（「記憶風景を縫う」実行委員会編『記憶風景を縫う――チリのアルピジェラと災禍の表現』所収、二〇一七年）

ロルカの生きた時代――米西戦争からスペイン内戦まで

米西戦争

さてもさても、お集まりの皆さん、私はこの四年間、フェデリコ・ガルシア・ロルカが生まれたこの季節になると、この舞台の上で、ロルカが書いた詩を原語でふたつ三つと朗読してまいりました。今年は趣向変わって、彼が生きた時代を背景に、その短く終わった人生の足跡を辿ることに相なった次第。題して「ロルカの生きた時代――米西戦争からスペイン内戦まで」。わずか三〇分に彼の生涯を凝縮してお話しするのは至難の業ですが、ともかくそれを試みるゆえ、とくとお聞きあれ。

スペインといえば、だれもが知っている名前をいくつか挙げましょう。「ドン・キホーテ」という名は、この国では安売り雑貨屋の名としてまかり通ってしまった風情なれども、もともとは、一六、七世紀スペインが生んだ文豪、セルバンテスが書いた長編小説のタイトルこそが『ドン・キホーテ』。世界的に見ても時空を超えた大傑作というべき小説のタイトルが、二十一世紀の日本国ではこんな店の名として「盗用」されていることを知ったならば、天国にいるのか地獄にいるのか、名付け親のセルバンテスはびっくり仰天しているに違いありません。

さらには、絵画の世界を覗けば、古くは十八世紀のフランシスコ・ゴヤ、二十世紀の現代に来れば、パブロ・ピカソ、サルバドール・ダリ、ジョアン・ミロなど、言い古された言葉なれども、まるで綺羅星のごとく天才的な画家たちが居並びます。あの奇怪にして魅力的な建築物を手掛けたアントニオ・ガウディ、その息遣いがチェロの音色と一緒になって聞こえてくるチェロ弾きのパブロ・カザルス、鬼才という形容がよく似合う、映画監督のルイス・ブニュエル、そして今日も、私たちの心を摑んで放さないカンテの歌やフラメンコの舞踏――ともかく、文化面からみれば、スペインという国は、妖しくも煌びやかな光を放っているのでございます。我らがガルシア・ロルカも、まぎれもなく、その中の一員だということをお忘れなく……。

さて、ロルカが生まれたのは一八九八年。今を去ること、一二〇年前ということになります。ベン・シャーン、ジョージ・ガーシュイン、ルネ・マグリットなどが同じ年の生まれです。この年は、スペイン史においては忘れることのできない出来事が起きました。米西戦争、すなわち、スペインは、遠く大西洋を隔てた国、アメリカ合州国との戦争を行なう破目に至ったのです。なぜか。

歴史を遡れば、スペインは世界史に植民地支配の時代を生み出した先駆けの国です。今から逆行すること五世紀ちょい、十五世紀末に、スペイン女王の資金援助を得たコロンブスは大海原を西へ、西へと航海し、遂に現在のアメリカ大陸に到達しました。ヨーロッパには未知の土地であったこの大陸と周辺カリブ海の島々の大部分を、スペインは植民地としたのです。以来三世紀有余、スペインは、現在のメキシコからアルゼンチン、チリまでの広大な米大陸の支配者として君臨しました。ラテンアメリカの国々がスペインからの独立を遂げたのは十九世紀初頭。したがって、いっときは海を伝って世界各地に植民地を築き上げたスペインは、米国との戦争が始まる十九世紀末には、アジア太平洋のフィリピンとグアム、カリブ海のキューバとプエルトリコ、さらにはアフリカの一角のモロッコに植民地を持つだけとなっていたのです。しかも、フィリピンとキューバでは、激しい独立闘争がたたかわれていました。

こうして、植民地帝国＝スペインは追い込まれていた。一方、米国は一八九〇年のサウスダコタ州ウーンデッド・ニーにおける先住民族スーの大虐殺によって、長年続いたインディアンの抵抗を最終的に圧し潰し、国内を「平定」することに成功した。だから、この時期以降の米国は、対外的に膨張する道を選び、まずは近隣のカリブ海に注目し、どこかの国に付け入る隙を虎視眈々と狙っていたのでありました。スペインに対して独立闘争を戦っているキューバこそ、絶好の機会を提供する場所。首都ハバナ沖に軍艦を派遣したところ、これが爆発・沈没した。歴史的に見ても、米国はフレームアップ、でっち上げの嘘を口実に戦争を仕掛けることが得意。米軍艦爆破はスペイン軍の仕業だとして、スペインに宣戦を布告したのです。落ち目の植民地帝国＝スペインと、日の出の勢いの新帝国＝アメリカの軍事力の差は歴然。アメリカはいとも簡単にスペインを負かしてしまったというのが、事の次第でございました。

スペイン人から見れば、世界に先駆けて植民地帝国となった十五世紀末以降しばらくは「黄金時代」、それが見る見るうちに後発のヨーロッパ列強に追いつかれ、追い越されてきたのがスペイン近代史の流れでしたが、「黄金時代」から四世紀を経て、とうとう「(一八)九八年の不幸」と自嘲する時代に突入したのでした。スペインがなお支配していた植民地は、北アフリカのモロッコだけになりました。モロッコは、この後の歴史でも重要な地名として再登場します。覚えておかれますように。

さて、しかし、歴史的な「逆行」の時こそ、個々人の精神の深部では、とりわけ芸術家にあっては自らの真の姿に真っ向から向き合う時——先に触れた、ガウディの建築を筆頭にした文化的ルネッサンスの動きは、まさにこの時期を前後して始まっていたのです。かの有名な「サグラダ・ファミリア＝聖家族教会」や「グエル邸」関連などの建造物は、この時代の真っただ中の仕事です。アフリカの彫刻に深い関心を抱いたピカソが、キュビズム革命の発端となる「アビニヨンの娘たち」を描いたのも一九〇七年ですから、この時代の文化的な凝縮のほどが知れます。早熟にして多面的な才能に恵まれていたロルカは、まさにこの文化的ルネッサンスを養分として育ったのでした。

さて、しばらくは、その後のスペインの歴史の流れを一瞥しておきましょう。一八九八年にフィリピンとキューバ民衆の独立闘争によって長年にわたるスペインの植民地支配が打倒されたならば、それは、いわば、歴史的な必然であった、と言えましょう。スペインはその運命を甘受し、祖国再生の道を歩んだことでしょう。だが、この独立闘争は、スペインの後釜としてこれらの地に君臨しようとするアメリカの奇襲作戦によって、性格を一変させたのでした。フィリピンとキューバの民衆にとっては、自らの解放を賭けた独立闘争が、スペインとアメリカの二大大国の戦争になってしまったのですから、たまったものではありません。いつ変わることのない、大国の身勝手さに悔しい思いをしたことでしょう。この事件は、実は、世界全体から見ても重大な意味を持っていました。アメリカという国は、この戦争を通して、他国に軍事介入さえすれば、新たな領土や資源や労働力や軍事基地を獲得できるのだという価値観をもってしまったのです。だから、あれから一世紀以上も経ったいまなお、アメリカはそのようにふるまい続けています。七十二年も前に戦争が終わった沖縄に、新しい軍事基地を作ろうとしているのを見れば、この言い方が的外れでないことがお分かりでしょう。

ただ、どんな国にも、大勢に流されず、ひとりになっても抵抗の言説をやめないひとはいる。それを知ることも大事です。この時代のアメリカの場合、それは作家、マーク・トウェインでした。そうです、あの『トム・ソーヤーの冒険』や『ハックルベリー・フィンの冒険』の作家です。米西戦争の結果、アメリカは敗戦国スペインからフィリピンを買い取りました。新たな植民地にしたのです。大国間の身勝手な取引きに抵抗・反対して、フィリピン民衆は、やってきた米軍にゲリラ戦で闘いを挑みました。米軍はすさまじい弾圧をこれに加えました。これを知って、マーク・トウェインは言ったのです。「われわれは、何千人もの島民を鎮定し、葬り去った。彼らの畑を破壊し、村々を焼き払い、夫を失った女や孤児たちを追い出した。こうして、神の摂理により……これは政府の言い回しであって、私のものではない……われわれは世界の大国となったわけだ」

二十世紀初頭の、忘れることのできないエピソードです。どんな時代にあっても、このような人物が実在することは、私たちへの励ましです。どんな社会も「ファシズム一色」「侵略戦争賛美一色」に塗り込められるのではないのです。

スペイン内戦

十九世紀末のスペインに戻りましょう。スペインにとっては、アメリカへの軍事的な敗北は屈辱でした。政治的・社会的には、混乱と混迷が続きました。政党政治は立ち行かなくなりました。残された唯一の植民地モロッコでは、反スペイン暴動が頻発し、これを鎮圧するために軍隊を派遣する事態が度重なりました。この状況の中で、もともとスペインの土地に根を張っていたアナキズムの思想と運動が急速に育っていきました。とりわけ、バルセロナを中心とするカタルーニャ地方の工場労働者と、万年飢餓状態に置かれていたアンダルシーア地方の農民は、権力から遠く、「土地と自由」を愛するアナキズムの理念を、いわば身体的に受容したのです。「土地」とは、そこに種を蒔き、貴重な農産物を手にすることのできる場所です。「自由」とは、人が生きる上で譲ることのできない絶対的な価値です。「土地と自由」とは、人が生きるための物理的・精神的な根拠地なのです。アンダルシーアは、ロルカが生まれ育った地でもあることを思い出しておきましょう。

さて一九二〇年代にも起こったモロッコでの反乱を鎮圧するために出動しこれに成功した軍部がその後政治の実権を握り、軍事独裁の時代が誕生します。一九三〇年、八年間にわたって口を封じられてきた民衆は、王政か共和制かを問われた地方議会選挙で、共和制を選んだ。国王は逃亡し、第二共和国が誕生した。これが、世界史的に見ても忘れがたい一九三〇年代スペインの幕開けでした。これ以降、左右両派の対立が激化します。一九三六年の国会議員選挙で人民戦線派が勝利すると、ファシストたちが暴動を引き起こす。人民戦線派の労働者は、ストライキをもって対抗する。

ところで、このころスペインが保有していた唯一の植民地、アフリカのモロッコには、暴動鎮圧のためにスペイン軍兵士が多数派遣されていたことには、先にも触れました。このモロッコの地で軍がクーデタを引き起こしたのです。指導者はフランコ将軍でした。時は一九三六年七月十八日。同時に、スペイン各地の主要都市でファシストの武装蜂起がいっせいに起こりました。そして共和国に対抗したのです。ここに、スペイン内戦、スペイン内乱、あるいはスペイン市民戦争とも呼ばれますが、それが始まったのです。

当時、ヨーロッパには、すでに二つの国で、ファシズム体制が成立していました。ヒトラーはドイツで全権を掌握し、ナチス党の独裁が始まっていました。イタリアでもムッソリーニが権力を握り、エチオピアへの侵略を開始していました。アジアにおいては、日本が「大東亜共栄圏」建設の美名の下で、近隣のアジア諸国侵略の道を突き進めておりました。日本、ドイツ、イタリアのファシズム三国が「日独伊防共協定」を結ぶのは一九三七年です。このような世界情勢を背景に展開されたスペイン内戦は、考えるべき大事なことがいっぱい詰まっています。きょうはとても時間がないので、かいつまんで、いくつかの重要な点にのみ触れます。

この内戦は、一九三九年三月までの三年間にわたって続きました。ファシストは強固に結束していました。国際的にはドイツとイタリアの支援を受け、首都マドリーの攻防戦では、イタリア軍の地上軍派遣が大きな役割を果たしました。バスク地方を含む北部戦線にあっては、反乱軍を支援したドイツの空軍部隊がゲルニカという小さな村で無差別爆撃を行ない、それが引き起こした惨状に怒りと哀しみを押さえきれなかったピカソは、即座にあの大作「ゲルニカ」を描くに至るのです。スペイン人の精神生活上重要な役割を果たしているカトリック教会が、フランコ指揮下の反乱軍は「無神論と共産主義」から祖国を救う十字軍だと称賛したことも、人びとを結束させるうえで計り知れない助けとなりました。

これに対して、共和国側はどうだったでしょうか。共産党からトロツキスト、アナキストなど、さまざまな潮流がおりました。考え方や政治路線の違いはあって当然ですが、その違いを内部矛盾として上手に処理する知恵を欠いていた、と言えます。とりわけ、官僚主義的な共産党、これはモスクワのソ連共産党からの指示に基づいて行動するのですが、当時ソ連ではトロツキストをはじめとするスターリンの「政敵」対する粛清の嵐が吹きすさんでいた頃でした。スペインではトロツキズムやアナキズムの運動が根強い大衆的な基盤を持っているのに、モスクワの指示に従ってこれを弾圧すれば、どんな結果が生じるかは自明のことだったのです。すなわち、共和国側には、異なる集団間の路線上の違いを解決する術がなかったのです。とりわけ、ソ連共産党のスターリン主義的な路線が果たした役割は犯罪的であったと断言しても過言ではないでしょう。

スペイン内戦は、それが孕んでいた「希望」と「錯誤」ゆえに、あの時代に生きていた世界中の人びとに大きな影響を及ぼしました。これをテーマに小説、ルポルタージュが書かれ、映画にもなりました。イギリスの作家、ジョージ・オーウェルは『カタロニア讃歌』を、アメリカの作家、アーネスト・ヘミングウェイは『誰がために鐘は鳴る』を書きました。スペインでは、ホセ・ルイス・クエルダが『蝶の舌』を、ビクトル・エリセが『ミツバチの囁き』を制作し、イギリスの映画作家ケン・ローチも『土地と自由』と題した作品でこのテーマを描いています。

ここで私は、忘れることのできない一人の女性の発言を記録しておきたいと思います。フランスの思想家、シモーヌ・ヴェイユの発言です。ヴェイユは、もちろん、その思想的・政治的な立場からしてファシストの敗北を願い、共和国側の勝利を願ったひとです。内戦が勃発した直後の一九三六年八月、共和国側に加担するためにスペインへ義勇兵として赴いてもいます。事故で火傷を負い、心ならずも二ヵ月で帰国することになったのですが、その彼女がスペイン戦争で現認したことは、「理性や信条を無意味化する戦争のメカニズムというものがある」ということでした。彼女は、共和国派の、とりわけ底辺の民衆の渇望や犠牲的精神に促された義勇兵への共感を決して放棄してはいない。同時に、味方の軍勢の中で吸い込んだ〈血と恐怖のにおい〉も記さずにはいられなかった。それは〈解放の主体〉であるはずの者が〈金で雇われた兵隊たちのするような戦争に落ち込んで〉いき、〈敵に残虐な行為の数々〉を加え、〈敵に対して示すべき思いやりの気持ち〉を喪失する過程であった。

スペインで内戦が勃発したことをパリで知ったヴェイユは、「勝利を願わずにはいられなかった」反ファシズムの側にも、このような現実があったことを知ったのです。私は、ファシズムとたたかった人びとの感動的なエピソードをいくつも知っていますが、同時に、この現実からも目を逸らすわけにはいかないのです。

スペイン内戦をめぐるこれらのエピソードから得られる教訓は明らかです。

ファシズムは、もうたくさんだ！
スターリン主義は、もううんざりだ！
ひとびとからモラル（倫理）を奪い取る戦争は、もうたくさんだ！

すべてが、現代を生きる私たち自身に関わってくる課題です。スペインを二分してたたかわれた内戦は、深い傷跡を残しました。独裁者フランコ将軍は一九七五年に死ぬのですが、実に三十五年近くその支配が続いたのです。共和国派の人びとは、そのかん一貫して、逮捕・投獄・拷問・軍事裁判による重刑判決・亡命などの運命を強いられました。三十年もの間、自宅の「壁に隠れて」暮らしたひとの実話も残っているくらいです。スペイン内戦で問われた事柄は、遥か昔の話ではなく、過ぎ去った過去でもないのです。

ガルシア・ロルカの生死

さて、このような時代を駆け抜けたロルカの人生を簡潔に振り返っておきましょう。

一二〇年前の六月五日、ロルカが生を享けたのは、グラナダ市に近いフエンテ・バケーロスという町でした。私は訪れたことがありませんが、広がる沃野の中に白壁の家々が立ち並ぶ、南スペインの典型的な小部落だと言われています。音楽と詩が好きだった母親の影響はよく言われるところですが、彼は、母、祖母、伯母、乳母たちに囲まれて、抱きかかえられるようにして大事に育てられたと言います。とりわけ、年寄りの召使ドローレスが語るアンダルシーアの伝説や、歌う土地の民謡を聞きながら眠ったようです。ロルカは、後年、アンダルシーアの民間伝承に深い関心を抱き、カンテ・ホンドや各地の子守歌を採集し始めるのには、この幼児体験が基盤にあるようです。

やがて、ロルカの一家はグラナダへ引っ越します。皆さんもご存じでしょう、グラナダは、アルハンブラ宮殿をはじめとしてイスラーム文化の痕跡が数多く残る街です。ロルカは心から愛したこの町で大学へ通い、哲学・法律・文学などを学びました。十代後半に熱中したのは音楽でしたが、師匠の突然の死に出会ってその道は挫折し、文学に方向を転換しました。ここで彼は詩作を始めます。

一九一九年、二十一歳になったロルカは、グラナダ大学の法律の教授で、社会主義者であったフェルナンド・デ・ロス・リーオスを敬愛していましたが、彼の勧めでマドリーの「学生館」へ赴きます。若い芸術家や文学者のたまごが集まる場所です。ここで彼は、すでに名前を挙げたサルバドール・ダリやルイス・ブニュエルなどと知り合い、親友となったのです。およそ十年をここで過ごしました。土着的な詩的伝統に深い関心を抱いていたロルカは、ここで、友人たちが熱中するシュルレアリスムなどの近代的な感覚や表現に出会ったのでした。最初の詩集『詩の本』を先駆けとして、『カンテ・オンドの詩』『組曲集』『歌集』『ジプシー歌集』はすべてこの時代に書かれているのですから、充実した時期を過ごしていたことがわかります。戯曲も手掛けていましたし、遺されているデッサンの多くもこの時期に描かれたものです。

したがって、マドリーからグラナダに戻ったロルカの「名声」は高まっていた。だが、その名声にも疲れたのでしょう。リーオスと共にニューヨークへ発ったのが一九二九年でした。コロンビア大学に入り、一年間を過ごします。一九二九年とは、あの世界大恐慌の年です。資本主義市場が大混乱に陥るなかで、彼にはハーレムだけが落ち着く場所だったようです。そこではじめて聞いたジャズの向こう側に、故国のフラメンコのリズムの魅惑を再発見した、と言われています。ニューヨークの次には、キューバのハバナへ行きました。キューバはフィリピンと違って、米西戦争後独立は遂げていました。しかし、米国の海軍基地が強引に設けられ——驚くべきことに、そのグアンタナモ米軍基地は一世紀を超える一一五年が経った今もキューバに返還されることなく、米軍は居座り続けているのです！——、経済的にも米国企業の支配下に置かれていました。そのことへのロルカの反応は残されていませんが、ニューヨークのハーレムで会った黒人たちとジャズに深い印象を受けていたロルカは、キューバではまた別な黒人と出会ったことに心を動かされたと言います。つまり、アングロ・サクソンの文化ではなく、ラテン系の文化の中での黒人に出会ったのです。音楽好きであったロルカが、ハバナの街のあちらこちらから聞こえてくるキューバン・リズムに感興を掻き立てられたであろうことは、想像に難くありません。

ロルカがスペインに戻ったのは一九三〇年でした。翌年の一九三一年には、国王が国外に逃亡し、共和制に移行したことはすでに触れました。政治的・社会的な激動は、一般的に言っても、文化・芸術表現の世界にも活況をもたらします。民衆文化を掘り起こし、これを再興しようとする機運が盛り上がったのです。それは、以前から、ロルカが求めていた道でもありました。ニューヨークへも同行した、敬愛するリーオスは、共和政府の教育相に任ぜられました。ロルカは古典劇の傑作を携えて、全国を巡回しました。移動劇団【La Barraca ラ・バラッカ＝仮小屋、掛け小屋、バラック】プロジェクトです。演じるのは主として学生、トラックには簡素な舞台装置を積み込み、辺鄙な農村にまで出かける。「黄金世紀」の喜劇を即興的なセリフでアレンジし、ロルカの中に蓄積されていた古い民謡に関する知識を生かして編曲した音楽が盛り込まれる。自分の世界に近しい物語や音楽に触れることができた、観客となる農民たちの喜びが、目に浮かぶようです。

この時期、ロルカは、さすがに多作です。『血の婚礼』、『イェルマ』、『ベルナルダ・アルバの家』

の代表的な戯曲の三部作を書き上げます。牛の角に刺されて死んだ親しい友人の闘牛士、イグナシオ・サンチェス・メヒーアスを哀悼する詩集も出版します。また、グラナダの地に似つかわしくも、アラビアの詩型を借りた一連の短い抒情詩を『タマリット詩集』と題して出版する準備も始めました。まさに、脂の乗り切った時代の活躍ぶりと言えましょう。

一九三六年七月十三日、恒例の家族の集まりに顔を出すために、ロルカはマドリーからグラナダに向かいました。先にも触れましたが、この三日後に、モロッコでは軍部のクーデタが起こりました。スペイン全土で、ファシストの蜂起がいっせいに起こりました。ロルカが戻った故郷＝グラナダも、右翼ファシストであるファランヘ党員による制圧下にありました。ロルカは、直接に政治に関与していたわけではありません。しかし、移動劇団「ラ・バラッカ」は明らかに共和政府の保護の下で行なわれていました。また、共和派の側に立つことを公言していた彼は、こうも言っています。「私はすべての人びとの兄弟であり、抽象的な国家主義的観念のために自分を犠牲にしようとする人びとを憎む」と。また、「芸術家はただひとつのもの、すなわち芸術家であらねばならない。芸術家、とりわけ詩人は常に、言葉の最良の意味においてアナキストでなければならない」「僕は絶対に政治家にはならない。僕は革命家なんだ。だって、革命家じゃない本物の詩人なんていないからだよ」という言葉も残しています。

ロルカの立場は鮮明でした。一九三六年八月十八日早朝、ロルカは友人の家からファシストたちに連れ去られました。オリーブ畑に運ばれたロルカは、連行された他の共和主義者と共に、自らの墓穴を掘らされた挙句、その場で銃殺されたのです。

享年三十八歳でした。

さて、私はここまで二五分間をかけて、ガルシア・ロルカの生涯とその時代を駆け足で語ってきました。一八九八年に生まれ、一九三六年に死んでいったひとりの人物。スペイン現代史を画する年が、その生年と没年に刻印されています。いかにも、象徴的なことです。ここで、私の話を止めるべきでしょうか。否、私は止めません。止めるわけにはいかないのです。ファシズムが勝利し、その過程で我らが愛するひとりの詩人が殺されたところで話を止めるわけにはいかないのです。このままでは、人間の歴史があまりに哀しすぎる。

最後に、ロルカの詩を読むのも一つの方法です。でも、それは今までも読んできました。きょうは、小さな子どもが大好きであった詩人のひとつのエピソードに触れます。親友サルバドール・ダリの故郷を訪ねた時のエピソードです。子どもたちが海辺で遊んでいると、そばにいたロルカは突然風に吹かれて飛んできた紙を掴むふりをした。「あっ、小さなマルガリータの手紙だ」と言ったロルカは、次のように続けたのです。「愛する子どもたち。私は、たてがみを風になびかせて、星を探している白い馬だ。星を探すために、どんなに走っているか、見てほしい！　でも、見つからないんだ。疲れた、これ以上、走れない。疲労が私を溶かして煙にしてしまう。形がどう変わるかみてごらん」。

子どもたちは、やがて、馬のたてがみやシッポや、星までをも幻視したと言います。石を読んでと言って、ロルカに石を渡した子がいました。すると、ロルカは「愛する子どもたちよ。私は何年も何年もここに住んでいます。その間、一番幸せだったのは、蟻たちの巣の屋根になれたことです。蟻たちは、私が空だと思っていたので、私もその通り空だと信じ込みました！　でも、今、私は自分が石だと気づいたので、この思い出は、私の秘密です。誰にも、この秘密を話しては、だめだよ」

ここしばらくのあいだ、ロルカの詩に親しんで来られた聴衆のみなさんは、これらの即興表現には、ロルカの詩的世界が横溢していると思いませんか。登場する生き物にも、使われているメタファーにも……。

子どもたちにこのように接したロルカの、詩人の魂に乾杯！　です。

そして、ロルカの、このような即興の小さな物語を柔らかな心で受け止め、理解し、自分の心の中で大きく育てていくであろう、過去・現在・未来の世界じゅうの子どもたちがもつ可能性に希望と期待を抱いていることをお伝えして、私の話を終わります。

ありがとうございました。

（『ガルシア・ロルカ生誕祭119』（二〇一七年六月四日、広島のcafé-teatro Abiertoで開催）における講演）

スペイン語圏文学の翻訳と普及をいかに推進するか

この三十年有余、私は人文書の企画・編集・営業に携わってきました。特に力を入れてきたのは、スペイン語圏の文化・歴史に関わる仕事です。出版の仕事に関わり始めたのは一九八〇年代半ばでしたが、間もなく来る一九九二年に、世界の歴史の捉え方が大きく変化するだろうと予感していました。この年こそ、あのクリストファー・コロンブスの大航海とアメリカ到達からちょうど五世紀が経つからです。人類史の中でのこの五世紀には、重大な出来事がたくさん詰まっています。征服・植民地化・植民地から資源を獲得した欧州における資本主義の発展・産業革命・繁栄した地域への労働力移動

・ひとと物の行き来――いわば、グローバリゼーションがこの過程で進行したのです。その主要な舞台となったラテンアメリカとイベリア半島が五世紀をかけて刻んだ歴史と、そこで育まれた文化を紹介することを、私たちの出版活動の軸の一つにしようと考えたのです。日本は、アジアで唯一植民地主義を実践した国ですから、この作業は私たちの足元を見つめ直す機会にもなると考えました。

しかし、スペインもラテンアメリカも、日本からは遠い。それらの国と文化に強烈な関心を持つ人は確かにいますが、それはあくまでも少数です。どう工夫して、少しでも多くの読者を獲得するか。人間は多様です。スペイン語圏を深く理解するためには、人間の多様性に見合うように、数多くの入り口を用意してはどうか。一つのジャンルに固執しない。文学、映画、美術、音楽、デザイン、建築、歴史、考古学、文化人類学、社会思想、社会運動、社会的な証言、革命、哲学、サッカー――さまざまな分野の書物を企画し、刊行してきました。三十年有余で、その数は一五〇冊に達しつつあります。すると、私たちが刊行する書物は、次第に、スペイン語文化圏全体を小宇宙として表現するような形を成していったのです。

私たちは小さな出版社でしかありませんから、映画や音楽や美術など他のジャンルのひとたちの仕事も積極的に活用します。アルモドバルの映画がよいから、彼の本『オール・アバウト・マイ・マザー』を出す。フランコの時代末期に、その政治活動ゆえに死刑囚となり鐵環処刑された青年を描いた映画『サルバドールの朝』が評判になれば、その原作、フランセスク・エスクリバノの『カウントダウン――サルバドール・プッチ・アンチックの物語』（Francesc Escribano *"Cuenta Atrás: La historia de Salvador Puig Antich"*）を出版する。私たちが数多くの装丁をお願いしたデザイナーは、アントニオ・ガウディの創造性に惚れ込んで映画まで作ってしまいました。そこで、私たちもガウディに関する本を数冊出して、上映会場で売る。すると、映画という入り口からスペイン語文化圏に入った人は、そこに映し出された土地の風景や人びとのたたずまい、展開される物語に刺激されて、次は別な入り口を探し求めて、例えば文学や歴史の書物の読者になるのです。

たくさんの窓や入り口を持つことは、民族の問題を考えるうえでも重要です。スペインもラテンアメリカも、単一民族ではなく多民族によって構成されている社会です。その意味では歴史過程には重大な悲劇も孕まれており、その調査と分析も必要です。バルトロメー・デ・ラス・カサスの『インディアス破壊に関する簡潔な報告』(Bartolomé de las Casas, "*Brevíssima relación de la destruyción de las Indias*")を初期の段階で出版したのは、そのためです。また現代にあっても民族差別は残っていますが、逆に、民族的な多様性が極めて寛容な社会をそこに生み出していることにも注目したいのです。日本には、日本が単一民族社会であることを利点として強調する意見があります。それは事実としても間違いであり、民族排外主義に通じる危険な考えでもあります。このような日本社会が、寛容性や異文化・異民族交流をめぐって、多民族社会から学ぶべきことはたくさんあるのです。ですから、私たちは、民族・植民地問題に関する本、覗き見主義ではない文化人類学の本などを意識的に企画・刊行してきました。

いくつか、想い出の深い出版物に触れます。

ガブリエル・ガルシア=マルケスは、日本でもよく読まれている作家です。重要な文学作品は、すでに他の大きな出版社によって刊行されていました。そこで、私たちは、彼が新聞記者時代に書いた社会面や芸能欄の記事がスペイン語で集成されていることに着目し、それを読んでみました。すると、それらの記事が、とても読ませるのです。一九五〇年代にコロンビアで起きたちょっとした事件や出来事を扱ったその記事が、まるで、よくできた「ショートショート」の創作のように思えてくるのでした。ローマ特派員の時代には、映画好きのマルケスらしく、イタリア映画や女優たち、そしてもちろんローマ法王に関する記事があって、それも面白かった。そこで、私たちは、それを『ジャーナリズム作品集』(*"Obra Periodística"*)として刊行しました。意外な観点からの出版でしたが、かなりの読者に好感をもって迎えられたと思います。

ディエゴ・マラドーナの本も出版しました。彼はサッカーの歴史を塗りかえた不世出の天才レフティでしたが、メディアを通して実に数々の名言を放っています。いわば、「言葉のファンタジスタ」でもあります。そこで、アルゼンチンのジャーナリストがまとめた本(*"Diego dijo, las mejores 1,000 frases de toda la su carrera del "10""*)を、『マラドーナ！――永遠のサッカー少年「ディエゴ」が話すのを聞いた』を出版しました。期待したほどは売れませんでしたが、スペイン語文化圏でとても人気のあるスポーツに関わる仕事ができたという満足感が得られました。

一九八〇年代末、バルセロナを訪れた私は、或る人に紹介されて、漫画家セスク氏に会いました。ユーモアとウィット、風刺に満ち溢れた氏の漫画は、フランコ治世下でたくさん発禁になりました。彼の漫画を時代順に並べてみると、それは、さながら「カタルーニャ現代史」となるのでした。発禁作品には、上から×印を付けて『発禁・カタルーニャ現代史』を名づけて出版しました。解説は、モンセラー・ローチさんに会って、お願いしました。たぐい稀なコラボレーションによる出版でした。日本語版が世界に先駆けて出版され、カタルーニャ語版はそのあとで出たのです。

以上簡潔に述べてきたように、出版企画・編集・営業・販売などの点で、私たちなりの努力は続けてまいりました。力不足は否めませんが、小さいながらもある程度の手応えを感じていることも事実です。しかし、インターネット時代に突入して早や四半世紀——人びとは指でタブレットを圧す作業に熱中するばかりで、落ち着いて書物を読むという習慣は急速に失われつつあります。当初から限定的な数の読者に向けての出版活動であった私たちは、読者のいっそうの減少、書物の売り上げの低下傾向に苦しんでいます。この傾向は、世界のどこでも起こっていることだと思います。私たちなりの工夫をさらに重ねて、この現実に立ち向かっていこうと思います。

そんな中にあって二十一世紀に入って以降、スペイン語圏の現代作家の作品を紹介する「セルバンテス賞コレクション」を十四冊、スペイン語圏の読者にながいあいだ読み継がれてきた作品を紹介する「ロス・クラシコス」シリーズが十二冊まで出版できたのは、スペイン文化省をはじめとして、メキシコ、アルゼンチン、チリなどの文化省からの出版助成があったからこそでした。「ロス・クラシコス」シリーズの十二冊目、最新刊は、ここにありますパブロ・ネルーダの『大いなる歌』です。このような重要な詩集を出版できたことは、私たちのささやかな誇りです。

私たちをここまで熱中させるような文化表現を生み出してこられたスペイン語文化園の皆さまに対する深い尊敬と感謝の気持ちをお伝えして、私の話を終わります。

Muchas gracias por su atención.

（「第三回日本　スペイン語・スペイン語圏文化国際会議」（東京・市ケ谷、セルバンテス文化センター）のラウンド・テーブル「編集・出版について——スペイン語文学の翻訳と普及をいかに推進するか」における発言）

死刑制度廃絶の願いをこめて始めた死刑囚表現展も十二回目
――第十二回「大道寺幸子・赤堀政夫基金　死刑囚表現展」応募作品に触れて

刊行されたばかりの『年報・死刑廃止2016』(インパクト出版会)の「編集後記」の末尾には「本誌も通巻20号、死刑が廃止にできず続刊することが悔しい。」とある。これに倣えば、「死刑制度廃絶の願いをこめて始めた死刑囚表現展も第12回目。世界に存在する国家社会のおよそ三分の二に当たる一四〇ヵ国近くでは死刑が廃止されているのに、私たちはいつまでこれを続けることになるのだろうかと慨嘆する」とでもいうことになるだろうか。同時に、次のことも思い出す。二〇一四年秋、東京・渋谷で開いた「死刑囚絵画展」を観に来てくれた友人が言った。「ここまでの作品が寄せられているのだから、もう、やめられないね」。そう、死刑制度は無くしたい。同時に、実際に存在している死刑囚の人びとがここまで「表現」に懸けている現実がつくり出されている以上、少なくとも制度が続いている間は、表現展をやめるわけにもいかない。私たちの多くもずいぶんと高齢になってしまい、どう継続できるかが大きな問題なのだが――そんな思いを抱きながら、去る九月中旬に開かれた選考会議に臨んだ。

加賀乙彦、池田浩士、北川フラム、川村湊、香山リカ、坂上香、そして私、の七人の選考委員全員が出席した。運営会のスタッフも十人ほどが傍聴している。

すでに私の頭に沁み込んでいた句があった。作品としてとりわけよいとは言えないが、死刑囚が外部に向かってさまざまな形で表現している現実を、ずばり(少しユーモラスな形で)言い当てていると思えたのである。

　〇番区まるで作家の養成所

　拘置所で収用者番号の末尾にゼロがつくのは重罪被告で、死刑囚が多い。そこから、それらの人びとが収容されている番区を「〇番区」と呼ぶことになったようだ。思えば、選考委員の加賀さんには『ゼロ番区の囚人』と題した作品がある。加賀さんは東京拘置所の医官を務めていた時期があるから、その時の経験を作品化したのである。確かに、死刑囚表現展がなされる以前から、ゼロ番区からは、多くの表現者が生まれ出た。正田昭、島秋人、平沢貞通、永山則夫……。この句の作者は、そのことの「意味」を、あらためて確かめているように思える。

作者とは、兼岩幸男さんである。常連の応募者だが、昨年時事川柳というジャンルを開拓して以来、その表現に新しい風が吹き込んできた感じがする。掲句同様、ユーモアを交えて、死刑囚である自分自身をも対象化している句が印象に残る。

　死刑囚それでも続けるこのやる気

　就活と婚活してる死刑囚

　拘置所へ拉致に来るのをじっと待つ

もちろん、昨年同様、社会の現実に向き合った作品にもみるべきものはある。

マスメディア不倫で騒ぐ下世話ぶり

選挙前基地の和解で厚化粧

日々の情報源は、半日遅れの新聞とラジオ・ニュースのみ、それでも、見える人には、事態の本質が見える。溢れかえる情報に呑み込まれて、情報の軽重を見失いがちな一般社会に生きる私たちに内省を迫る。ただし、他の選者の評にもあったが、直截的な社会句には、俗情に阿る雰囲気の句もあって、それは私も採らない。この人独自の世界を、さらに未知の領域に向けて切り拓いていくことを、切に望みたい。

高井空さんの「三つの選択し」は、ショートショートの創作。確定死刑囚が突然理由も知らされることもなく、航空機でどこかへ移送される。着いたところは、海外の戦場だった。自衛隊も含めて憲法九条の縛りで戦争には参加できない。その点「働きもせず、税金も納めず、ただで飯を食って、どうせ殺す死刑囚であれば」戦力になり得る、しかも「奴らは、既に、人を殺した経験がある」。国内的には、死刑囚・某の死刑が執行された、ということにしておけばよい――動員した側の言い分はこうだ。そんな世界に抛り込まれた死刑囚の心象がクールに描かれてゆく。確定死刑囚ならではの、迫りくる「戦争の時代への危機感」が吐露されていて、緊張した。後述する響野湾子さんの短歌にも、こんなものがあった。

裁判員制度のやふに　赤紙がいつか来るはず確定囚にも

獄にある確定死刑囚は、独特の嗅覚をもって、獄外で――つまり自らの手が及ばぬ世界で――進行する政治・社会状況を読み取っているのかもしれぬ。時代に対するこの危機意識には、獄壁を超えて連帯したいと、心から思った。高井さんが、別な名で応募された従来の作品については（とりわけ、自らがなした行為を振り返った作品については、読む者の胸に響くものが少ないがゆえに）ずいぶんと酷評した記憶があるが、この作品からは、今までになかった地点に踏み出そうとしている心意気を感じ取った。書き続けてほしい。

さて、常連の響野湾子さんである。短歌「蒼きオブジェ」五七五首、俳句「花リンゴ」二五〇句、書き散らし詩「透明な一部」から成っていて、今年も多作である（「透明な一部」は、本名の庄子幸一名も連記した応募である）。短歌の冒頭に曰く「執行の歌が八割を占めています　意識的に詠んでいます　死刑囚徒だから　死刑囚の歌を詠わねば　誰れが?」。選者である私たちが、死刑執行をテーマにした作品が多く、重いとか息苦しいとかいう感想を漏らしたことへの応答だろうか。そう、言われる通りです、というしかない。この作品を読む前に、私は拘置所で或る死刑囚と面会した。彼はぽつりといった。「他人を殺めた者でなければ分からないことがある」。ふたりは、死刑囚としての同じ心境を、別々のことばで語っているように思える。そこで生まれるのは、贖罪の歌（句）である。

眠剤に頼りて寝るを自笑せり我が贖罪の怪しかりけり

痛みなくばひと日たりとも生きられぬ壁に頭を打ちて耐えをり

生活と言へぬ暗さの中に生き贖罪《つみ》てふ見へぬものと闘ふ

贖罪記書けず閉ず日や有時雨

短歌集の表題「蒼きオブジェ」に見られるように、「蒼」をモチーフとした作品に佳作が目立った。

溜息は一夜で満ちる独房は　海より蒼し　私は海月

海月より蒼き体を持つ我れは　独房《へや》で発光しつつ狂《ふ》れゆく

絵心の無き性なれど　この部屋を歌で染めあぐ　蒼瑞々しく

主題を絞り込んだ時の、表現の凝縮度・密度の高さを感じた。他に、私には以下の歌が強く印象に残った。

いつからか夜に知らぬ人現われて　一刷毛闇を我に塗りゆく

責任を被る狂気の無き人の　筆名の文学に色見えてこず

井上孝紘、北村孝、北村真美さんの作品は、もちろん、個別に独立したものとして読まなければならないのだが、関わりを問われた共通の事件が表現の背後に色濃く漂っていて、関連づけて読むよう誘われる。弟（孝紘さん）は兄（孝さん）と母親（真美さん）の無実を主張する文章を寄せており、孝さんは無実を訴える。真美さんはその点には触れることなく、十年の歳月、同じ拘置所の「同じ空間に居た」女性死刑囚が処刑された日のことを書く。「死刑囚が、空気に消える時、そこに涙は無い。死刑囚が、消える時、何も変わらない一日となる」。弟は、捜査員の誘導で、罪なき兄と母を「共犯」に仕立て上げる調書を取られたことを悔やむ。その心境を、こう詠む。

西仰ぎ　見えろと雲に　兄の笑顔《かお》

各人の「表現」が今後いかにして事件の「闇」に肉迫してゆけるか。刮目して、待ちたい。

昨年、初の応募で「期待賞」を受賞した高田和三郎さんが、詩・詞篇とエッセイ「若き日の回想」を寄せられた。詩篇もまた、利根川の支流に近い故郷を思う慕情に溢れている。エッセイの末尾には「この拙文は自分が少年であった当事に経験した非生産的な生活状況について、恥を忍びながら書かせていただいた」とある。身体的な障がいをもつことによって「非生産的」と見なした世間の目のことを言っているのだろうが、それは、今回の相模原事件と二重写しになって見える。その意味で、社会の変わらなさに心が塞ぐ。ただ、もっと書き込んでいただきたい。今回で言えば、郷里が近い石川三四郎に触れた一節があるが、思想史上に独自で重要な位置を占めるこのアナキスト思想家に、名前だけ触れて済ませるのは惜しい。なぜ、名前が心に残っているのか。郷里の大人たちがどんな言葉遣いで石川三四郎のことを語っていたから、高田少年の頭にその名が刻み込まれたのか。掘り下げるべき点は、多々あるように思われる。

さて、数年前、もやしや大根の姿を、黒地を背景に絶妙に描いた絵が忘れられない高橋和利さんは、今回は大長編『凸凹三人組』を応募された。自らの少年時代の思い出の記である。几帳面な方なのだろう、幼い頃からつけていた膨大な日記を、いったん差し入れてもらい、それを基にしながらこの回想記を記したもののようだ。だから、戦時中の焼夷弾の作り方など、記述は詳細を極めて、面白い。戦後も、子どもたちの要求によって男女共学が実現する過程など、今は何かと分が悪い「戦後民主主義」が生き生きと機能していた時代の息吹を伝えて、貴重だ。いささか冗漫にすぎる箇所はあり、唐突に幼い少女の腐乱死体が出てきて終わるエンディングにも不満は残る。推敲を重ねれば、戦中・戦後の一時代の貴重な証言文学たり得よう。添えられた挿絵がよい。あのもやしや大根を描いた才は、高橋さんの中に根づいている。

若い千葉祐太郎さんは、無題の作品を寄せた。四行か五行を一区切りとする詩文のような文章が続く。難解な言葉を使い、メタファーも一筋縄ではいかない。自らが裁かれた裁判の様子と処刑のシーンを描いているらしいことはわかる。供述調書の作られ方に納得できないものを感じ、自らがなしたことへの悔悟の気持ちも綴られている。本人も難解すぎると思ったのか、後日かみ砕いた解説文が送られてきた。こんなにわかりやすい文章も書ける人が、あえて選んだ「詩的難解さ」は、若さゆえの不敵な挑戦か。悪くはない。

いつも味わい深い作品を寄せる西山省三さんは、「天敵の死」という詩と川柳一〇首。「人の死を笑ったり喜んだりしてはいけませんよ」と幼い作者を諭した母に謝りながら歓喜するのは鳩山邦夫が死んだから。法相時代一三人の死刑囚の執行を命じた人。母の教えを大事に思いつつも、ベルトコンベアー方式での死刑執行を口走った、「一生使いきれないお金を持った」人の早逝をめぐる詩を、作者は「天敵鳩山邦夫が死んだとさ」という、突き放したような語句で締め括る。論理も倫理も超えて溢れ出る心情。半世紀以上も前のこと、戦争をするケネディが死んだのはめでたいといって赤飯を炊いて近所に配ったら隣人に怪訝な顔をされたといって戸惑っていた故・深沢七郎を、ゆくりなくも、思い起こした。この種の表現は面白い、という心を抑えることはできない。だが、これは、やはり、おもしろうて、やがて、哀しき……か。

林眞須美さんは、その名もずばり「眞須美」と題したルポを応募。粗削りな文章だが、大阪拘置所で彼女がいかにひどい処遇を受けているかという実情は伝わる。日本の監獄がどんなところであるかを暴露するに、気の毒にも彼女はもっとも「適した」場所に――苛め抜かれているという意味で。しかも彼女はそれに負けないで、さまざまな方法を駆使して闘い続けているという意味も込めて――置かれているのかもしれない。

俳句・短歌・川柳を寄せる何力さんの表現に変化が見られる。「短歌《うた》不評俳句の方が無難かな」には、選者として苦笑する。広辞苑と大辞泉を「良友」として日本語を懸命に勉強している感じが伝わってくる。「死刑支持・中国嫌い同率だ　我の運命二重奏かな」は、日本社会に浸透している不穏な

「空気」を、自己批評を込めて詠んでいて、忘れ難い。

音音《ねおん》さんからは、一〇一までの番号を付した歌が送られてきた。言葉の使い方は、相変わらず軽妙だし、獄の外で進む新たな現象への関心も旺盛だが、例年ほどの「冴え」が見られないのはなぜだろうか。末尾に置かれた歌

被害者らの未来のすべて黒く塗り　何が表現ズルいと思う

にうたわれた思いが、作者の心に重い影を落としているのだろうか。これは、二〇一四年の死刑囚絵画展（渋谷）の際のアンケートに一来場者が残した言葉からの一部引用歌だ。私がこの年の表現展の講評で、この批評に触れた。この問いかけから逃げることはできない。だが、向き合って、さらに「表現」を深めてほしいと望むばかりだ。

なお、河村啓三さんの長編「ほたるいか」は第七章まで届きながら未完に終わったので、選考対象外とした。ただし、娘の視点から父親である「自分」を語らせるという方法は、興味深いながらも、娘の感情を自分に都合よく処理している箇所があって、綻びが目立つ。

もっと深く書けるはずの人だという声があがったことを、来期には完成させて応募されるであろう作者のために書き留めておきたい。

絵画作品に移ろう。

伊藤和史さんの昨年の応募作品には、驚かされた。白い色紙に、凹凸の彫りが施されているだけだ。裸眼には、よく見えない。今年も同じ趣向だ。表現展運営会スタッフが、工夫してダンボール箱に作

品を掛け、対面には紙製暖簾を掛けた。観る者は、用意されたライトを点灯して、暖簾をかき分けて暗い内部に入る。色紙に斜めからライトを当てると、凹凸が浮き彫りになって見える。この工夫と丁寧な作業ぶりに、あらためて驚く。

井上孝紘さんは、いつもの入れ墨用の彫りもの作品に加え、「独裁暴権」現首相の顔に「こいつが……ニクイ!」と書き込んだ。何を描いても、基本があるので、巧みだ。

加藤智大さんの「艦これ――イラストロジック65問▼パズル201問」は、昨年同様、私にはお手上げだ。だが、この集中力は何なのだろう。コミュニケーションの可能性や方法について、あれこれ考えさせられる、独自の密度をもった「表現」なのだ。

金川一さんの作品には、表現展のごく初期から惹かれてきた。「点描の美しさ」と題して、しゃくやくの花などを描いた今回の三点の作品にも、うまい、と思わず唸る。

奥本章寛さんは、初めての応募だ。「お地蔵さま」など五作品が、観る者のこころに安らぎを与えてくれるようなたたずまいで並んでいる。「せんこうはなび」の描き方には、とりわけ、感心した。

北村孝さんの「ハッピー」は、作者がおかれている状況を知っていると、胸に迫る。絵の中にある「再審」「証人」「支援」「新証拠」などの文字は、冤罪を訴える作者の切なる叫びだ。それぞれ星形に入れられてはいるが「希」と「望」の文字の間には大きな隔たりがある。このように表現した時の作者の思いを、及ばずながら、想像したい。

西口宗宏さんは、二〇点もの作品を応募。何らかのモデルがあって、それを真似しているのだろうが、「月見(懺悔)」のように、自らの内面の描写か、と思われる作品もちらほら。北川フラム氏が言うように、本来「グジャグジャな、本人の生理」が前面に出てくれれば、化けるのだろうと思わせるうまさを感じとった。

風間博子さんは昨年、作家・蜷川泰司氏の『迷宮の飛翔』（河出書房新社）に挿絵を提供した。物語だけを読んで、想像力を「飛翔」させて描いた16枚の作品の豊かさに私は注目した。表現展への従来の応募作品に見られた「定型化」を打ち破るエネルギーが溢れる「命――2016の弐」の行方を注視したい。

紙幅が尽きてきた。高尾康司さん、豊田義己さん、原正志さん、北村真美さんからも、それぞれに個性的で、心のこもった作品が寄せられた。年数を積み重ねている人の作品には、素人目にも明らかな「変化」（「進歩」とは言いたくない）が見られて、うれしい。自らへの戒めを込めて言う、日々書く（描く）、これが肝心なのだ、と。

最後に、受賞者は以下の方たちに決まった。文字作品部門では、響野湾子さんに「表現賞」、兼岩幸男さんに「努力賞」、高橋和利さんに「敢闘賞」。絵画部門では、西口宗宏さんに「新人賞」、金川一さんに「新境地賞」、風間博子さんに「光と闇の賞」。

そして、さらに記しておかなければならないことがある。東京拘置所在監の宮前一明さんは、絵画作品を応募しようとしたが、拘置所側から内容にクレームがつけられ、とうとう出品できなかった。また、名古屋拘置所在監の堀慶末さんは、応募しようとした長編作品が、拘置所側に三ヵ月間も留め置かれ、九月三日になってようやく発信されたが、選考会の日までには届かなかった。拘置所が採った措置については、何らかの方法によって、その責任を追及していきたい。

以前にも触れたことのある人物だが、ウルグアイの元大統領、ホセ・ムヒカ氏が今春来日した。一九六〇年代〜七〇年代に活動していた同国の都市ゲリラ組織トゥパマロスに属していた人物だ。長期にわたって投獄され、二度脱獄もしている。民主化の過程で釈放され、同組織も合法政党となって、国会議員となった。やがてその政策と人格が認められ、一般選挙で大統領にまで選出された。「市場は万能ではない」「質素に生きれば自由でいられる」などの端的な言葉で、世界全体を支配している新自由主義的な市場原理に「否！」を唱え、その発言は世界的な注目を集めている。日本を支配する、死刑制度を含めた行刑制度の頑迷さに嘆息をつくたびに、「元武装ゲリラ＋獄中者＋脱獄者」を大統領に選ぶ有権者が住まう社会の豊かさと奥行きの深さを思う。刑罰を受けて「獄」にある人びとの表現は、どの時代・どの地域にあっても、私たちが住む社会の〈現実の姿〉を映し出す鏡なのだ。

（『出版ニュース』二〇一六年十一月中旬号掲載）

「死刑囚表現展」の十三年間を振り返って

「死刑廃止のための大道寺幸子・赤堀政夫基金」が運営する「死刑囚表現展」は今年で十三回目を迎えた。始めたのは二〇〇五年。その前年に、東京拘置所に在監する確定死刑囚、大道寺将司氏の母親・幸子さんが亡くなった。遺された一定額の預金があった。近親者および親しい付き合いのあった人びとが集い、使い道を考えた。筆者もそのひとりである。幸子さんは、息子が逮捕されて以降の後半生（それは、五十四歳から八十三歳までの歳月だった）の時間の多くを、死刑制度廃止という目的のために費やした。

息子たちが行なったいわゆる「連続企業爆破」事件、とりわけ一九七四年八月三十日の三菱重工ビル前に設置した爆弾が、死者八名・重軽傷者三八五名を出したことは、もちろん、彼女の胸に重く圧し掛かっていた。本人たちが意図せずして生じさせてしまったこの重苦しい結果が彼女の頭を離れることはなかったが、息子たちは、マスメディアがいうような「狂気の爆弾魔」ではないという確信が揺らぐことはなかった。この確信を支えとして、彼女は「罪と償い」の問題に拘りつつ、同時に死刑廃止活動への関わりを徐々に深めていった。息子以外の死刑囚とも、面会・文通・差し入れ・裁判傍聴などを通して、交流した。人前で話すことなど、およそ想像もつかない内気な人柄だったが、乞われるとどこへでも出かけて、息子たちが起こした事件とその結果に対する自らの思いを話すようになった。死刑囚のなかには、自らが犯した事件・犯罪について内省を深め、罪の償いを考えているひとが多いこと、また、国家の名の下に命を最終的に絶たれる死刑事件においても冤罪の場合があることなどを彼女は知った。

幸子さんは、晩年の三十年間を、獄外における死刑廃止運動の欠くことのできない担い手のひとりとして、死刑囚と共に「生きて、償う」道を模索した。この辺りの経緯は、幸子さんへの直接の取材が大きな支えとなっているノンフィクション作品、松下竜一の『狼煙を見よ――東アジア反日武装戦線〝狼〟部隊』(初出「文藝」一九八六年冬号、河出書房新社。現在は、単行本も同社刊)に詳しい。

彼女の遺産の使い道を検討した私たちは、そのような彼女の晩年を知っていた。遺されたお金は、「死刑廃止」という目標のために使うのが彼女の思いにもっとも叶った道だろうという結論はすぐに生まれた。さて、どのように使おうか。討論の結果、次のように決まった。

死刑囚の多くは、判決内容に異議をもち再審請求を希望する場合でも、経済的に困窮していて、それが叶わないこともある。一人ひとりにとってはささやかな額ではあろうが、「基金」は一定の金額を希望者に提供し、再審請求のための補助金として使ってもらうことにした。毎年、五人前後の人びとの弁護人の手にそれは渡っている。

もうひとつは、死刑囚表現展を開催することである。死刑囚は、多くの場合、外部の人びとと接触する機会を失うか、ごく限られたものになるしか、ない。「凶悪な」事件を引き起こして死刑囚となる人とは、身内ですら連絡を絶つこともある。ひとは、自分が死刑囚になるとか、その身内になるとかの可能性を思うことは、ほとんどないだろう。だが、振り返れば、死刑囚がなした表現に深い思いを抱いたり衝撃を覚えたりした経験を、ひとはそれぞれにもっているのではないか。永山則夫氏の自己史と文学、永田洋子および坂口弘両氏が著した連合赤軍事件に関わる証言や短歌、苦闘の末に冤罪を晴らした免田栄氏や赤堀政夫氏の証言、そして、いまなお冤罪を晴らすための闘いの渦中にある袴田巌氏の獄中書簡やドキュメンタリー映画、当基金の当事者である大道寺将司氏の書簡と俳句など、実例は次々と浮かぶ。世界的に考えても、すべてが死刑囚ではないが、マルキ・ド・サド、ドストエフスキー、金芝河、金大中、ネルソン・マンデラなど、時空を超えて思いつくままに挙げてみても、獄中にあって「死」に直面しながらなした表現を、私たちはそれぞれの時代のもっとも切実で、先鋭なものとして受け止めてきたことを知るだろう。それらに共感を寄せるにせよ批判的に読むにせよ、同時代や後世の人びとのこころに迫るものが、そこには確実に存在している。

日本では、死刑制度の実態が厚いヴェールに覆われているにもかかわらず、死刑を「是」とする暗黙の「国民的な合意」があると信じられている。刑罰の「妥当性」とは別に、死刑囚といえども有する基本的な人権や表現の自由についての認識は低い。「罪と罰」「犯罪と償い」をめぐっては冷静な議論が必要だが、「死刑囚の人権をいうなら、殺されたひとの人権はどうなるのだ」という感情論が突出してしまうのが、日本社会の現状だ。死刑囚が、フィクション、ノンフィクション、詩、俳句、短歌、漫画、絵画、イラスト、書など多様な形で、自らの内面を表現する機会があれば、そのような社会の現状に一石を投じることになるだろう。死刑囚にとって、それは、徹底した隔離の中で人間としての社会性を奪われてしまわないための根拠とできるかもしれない。

そのような考えから表現展を実施することにしたが、死刑囚の表現に対してきちんと応答するために、作品の選考会を開くこととして、次の方々に選考委員をお願いした。加賀乙彦氏（作家）、池田浩士氏（ドイツ文学者）、川村湊氏（文芸評論家）、北川フラム氏（アートディレクター）、坂上香氏（映像作家）。基金の運営会からは私・太田昌国（評論家）が加わった。第七回目を迎えた二〇一一年には、ゲスト審査員として香山リカ氏（精神科医）を迎えたが、香山さんにはその後常任の選考委員をお願いして現在に至っている。

「死刑囚表現展」と銘打つ以上、応募資格を持つのは、当然にも死刑囚のみである。この企画が発足した二〇〇五年ころの死刑囚の数は、確定者と未決者（地裁か高裁かで死刑判決を受けているが、最高裁での最終判決はこれからの人）合わせて百人程度だった。それから十二年を経た昨今では、一二五人から一三〇人くらいになっている。このうち、表現展に作品を応募する人は、平均一五％から二〇％くらいの人たちである。

例年の流れは、以下のとおりである。七月末応募締め切り。文字作品はすべてをコピーして、選考委員に送る。その厚みはだいたい三〇センチほどになるのが普通だ。九月選考会。絵画作品はその場で見て、討議して選考する。十月には「死刑廃止集会」という公開の場で、改めて講評を行なう。

「基金」のお金は、参加賞や各賞の形で応募者に送られる。「賞」の名称（名づけ）には、いつも苦労する。「優秀賞、努力賞、持続賞、技能賞、敢闘賞」などはありふれているが、獄中にありながら現代的な言葉遣いに長けた人には「新波賞」（文字通り、「ニュー・ウェーブ」の意味である）が、また周囲の雑音に惑わされず独自の道を歩む人には「独歩賞」とか「オンリー・ワン賞」が与えられた。肯定・否定の論議が激しかった作品には、「賛否両論賞」が授与されたこともある。この「賞金」がどのように使われているかは、外部の私たちは、詳しくは知る由もない。少なからぬ人びとが、来年度の応募用のボールペン、色鉛筆、原稿用紙、ノート、封筒、切手などの購入に充てているようだ。お金に困らない死刑囚など存在しているはずはないし、物品制限も厳しい中で、なにかしらの糧になっているならば、「基金」の趣旨に叶うことだ。

応募者には、選考会での各委員の発言内容をすべて記録した冊子が送られる。公開の講評会の様子も、死刑廃止のための「フォーラム90」の機関誌に掲載されるので、それが差し入れられる死刑囚のみならず、希望するだれの目にも触れる。これは、精神的な交流を、一方通行にせずに相互交通的なものにするうえで大事なことであると痛感している。選考委員の率直な批判の言葉に、応募者が憤激したり、反論してきたりすることも、ときどき起こる。ユーモアや諧謔をもって応答する応募者もいる。常連の応募者の場合には、明らかに、前年度の作品への選考委員の批評を読み込んで次回作に生かしたと思われる場合も見られる。

この十三年間に触れてきた膨大な作品群を通して考えるところを、以下に記しておきたい。自らが犯してしまった出来事を、俳句・短歌などの短詩型やノンフィクションの長編で表現する作品が目立つ。前者の場合、短い字数ゆえに、本人の心境をごまかしての表現などはそもそもあり得ないもののようだ。自己批評的な作品は、ずっしりと心に残る。

眠剤に頼りて寝るを自笑せり我が贖罪の怪しかりけり　（響野湾子）

振り捨てて埋めて忘れた悲しみを思い出させる裁判記録　（石川恵子）

一読後、その人が辿ってきた半生がくっきりと見えたような感じがして、ドキリとする作品も散見される。作品の「質」を離れた訴求力をもって、こころに呼びかけてくる作品群である。

父無し子祖母の子として育てらる吊るされて逝きて母と会えるや　（畠山鐵男）

弟の出所まで残8年お互い元気で生きて会いたし　（後藤良次）

両親を知らずして育ち、高齢を迎えたいま、獄中に死刑囚としてあること。二人、三人の兄弟が全員刑務所に入っていること――そんなことを読み取ることができる表現に、掲句に限らず、ときどき出会う。ここからは、経済的な意味合いだけには還元できない現代社会の「底辺」に澱のように沈殿している何事かを感受せざるを得ない。ひとが残酷な事件を犯すに至る過程には、社会的な生成根拠があろう。貧困、無知、自分が取るに足らぬ存在と蔑まされること、社会全体の中での孤独感、根っことなるものをことごとく引き抜かれていること――それらすべてが、一人の人間の中に凝縮して現われた時に、人間はどうなり得るか。永山則夫氏の前半生は、まさにそのことを明かしている。同時に、永山氏は自らが犯した過ちを自覚したこと、それがなぜ生まれたかについて「個人と社会」の両面から深く追求する表現を獲得し得たこと、それが書物となって印税が生じたとき、自らが殺めた犠牲者の遺族に、そして最後には「貧しいペルーの、路上で働く子どもたち」に金子を託すという形で、彼独自の方法で「償い」を果たそうとしたこと——などが想起されてよいだろう。

ノンフィクションの長編で自らの犯罪に触れた作品からも、時に同じことが読み取れる。同時に、「凶悪な犯罪」というものは、たいがい、絵に描いたように「計画的に」行なわれるものではないようだ、ということにも気づかされる。作品が真偽そのものをどこまで表現し得ているかという問題は残る。だが、文章そのものから、物語の展開方法から、事実が語られているか、ごまかしがあるかは、分かるように思う。その前提に立てば、実際の犯行に至る過程のどこかで、複数の人物の「偶然の」出会いがなかったり、車や犯行用具が一つでも欠けていたりしたならば、ここまでの「凶行」は起こらなかったのではないか、と思われる場合が多い。逆の方向から言えば、「偶然」の出会いに見えるすべての要素が、たがが外れて合体してしまうと、あとは歯止めが利かなくなるということでもある。その過程を思い起こして綴る死刑囚の表現からは、ひたすらに深い悔いと哀しみが感じられる。

問題は、さらにある。被疑者は逮捕後に警察・検察による取り調べを受ける訳だが、死刑囚が書くノンフィクション作品においては、その取り調べ状況や調書の作り方への不満が充満しているということである。冤罪事件の実相に触れたことがある人は、取り調べ側がいかに恣意的に物語を作り上げるものであるかを知っておられよう。「物語」とは、ここでは、「犯行様態」である。捜査側の思い込みに基づいて、現場の状況と数少ない証拠品に合わせるように「自白」を誘導する手口も、犯人をでっち上げることで初動捜査の失敗を覆い隠すやり口も、根本的にご法度なのだ。だが、実際には、それがなされている。このようなシーンが、十分に納得のいく筆致で書かれていると、死刑囚にされている表現者がもつ怒りと悔しさが伝わってくる。

絵画作品の応募も活発だ。選考会でよく話題になることだが、幼子の時代を思い起こしてみれば分かるように、文章を書くことに比して、絵を描くことは、ひとをしてヨリ自由で解放的な空間に導いてくれるようだ。人を不自由にすることに「喜び」を見出しているのかとすら思われる、拘置所の官僚的な規則によって、獄中で使用できる画材には厳しい制限がある。だが、その壁を突破しようとする死刑囚の「工夫の仕方」には、舌を巻くものもある。常連の応募者の画風に次第に変化が見られる場合があることも、楽しみのひとつだ。最近は、立体的な作品が生まれている。着古した作務衣を出品するという意想外な発想をする人も現われた。或るひとが漏らした「まるでコム・デ・ギャルソンだ」とは、言い得て妙な感想だった。極限的に狭い空間の中から、ここまで想像力を伸ばし切った作品が生まれるとは――と思うことも、しばしばだ。

この企画を始めて十三年――十一年目には、一九八〇年代に冤罪を晴らした元死刑囚の赤堀政夫さんが、自分もこの企画に協働したいと申し出られて、一定の基金を寄せられた。以後、「基金」の名称には赤堀さんの名も加わることとなった。初心を言えば、当初は十年間の企画と捉えており、その間にこの日本においても「死刑廃止」が実現できればよいと展望していた。残念ながら、政治・社会状況は悪化の一途を辿り、それは実現できなかったからこそ、現在も活動は続いている。この間には、無念にも、かつての応募者が処刑されてしまったこともある。獄死した死刑囚もいる。このように、私たちには力及ばないことも多いが、この表現展は、死刑囚と外部社会を繋ぐ重要な役割を果たしていると実感している。

（『創』二〇一七年十二月号掲載）

袴田巖さんが、「死刑囚表現展」に応募してきた

死刑制度の廃止を目指して死刑囚表現展を始めて、十一年が経った。死刑囚は社会との接点をギリギリまで断ち切られて、存在している。冤罪の身であれば、身を切るような叫びがあろう。人を殺めたならば、顧みて言うべき言葉があるかもしれない。事件を離れて、想像力の世界に浸る表現もあろう。毎年、心に迫る作品が寄せられる。その表現に出会うことで、隔離されている死刑囚と、私たち外部社会との間に接点が生まれる。私たちはその時、犯罪と刑罰について、死刑について、冤罪について、あらかじめわかったような顔をせずに、深く向き合う契機にできるかもしれない。

映画『袴田巖――夢の間の世の中』のスクリーンに浮かび上がる袴田さんの獄中書簡のいくつかを目で追いながら、袴田さんが死刑囚表現展に応募してきたのだ、と幻想した。「さて、私も冤罪ながら死刑囚。全身にしみわたって来る悲しみにたえつつ、生きなければならない。」などという表現に触れて、私は思わず、居ずまいを正した。若い日々に、ボクシングという激しいスポーツに身を投じていた袴田青年は、内面に、このように静謐で、文学的ともいえる世界を持つ人でもあったのだ。

映画が映し出すのは、だが、二〇一四年三月二十七日、静岡地裁が死刑および拘置の執行停止を決

定して四十八年ぶりに袴田さんが釈放されて以降の日常である。拘禁症状の下で、独特の幻想世界に生きる袴田さんの姿と言葉が私たちの耳目に飛び込んでくる。それは、獄中の孤独を彷彿させるものだが、その姿を描いているのが総合芸術としての映画である以上、袴田さんがここを抜け出る方向性も示唆されている。

金聖雄監督をはじめスタッフ、出演者、そして私たち観客との協働性の中でこそ、袴田さんは新たな生を生き始めているということである。この映画の中での袴田さんの立ち居振る舞いと言葉に触れて、これは死刑囚表現展への見事な応募作品ではないか――あらためて私は独断的に、そう思う。

（金聖雄監督『袴田巖・夢の間の世の中』パンフレット（二〇一六年二月二十七日発行、Kimoon Film））

死刑囚の「表現」が異彩を放つ――第一四回死刑囚表現展

「死刑廃止のための大道寺幸子・赤堀政夫基金」が、この十四年来取り組んできている企画には二つある。一つ目は、再審請求を行なう死刑確定者に支援金を補助すること、二つ目は、自らの内面を表現する手段を容易には持たない死刑囚が、文章・詩歌・絵画・書などを通してそれを表現する機会を提供するために「死刑囚表現展」を一年に一回開催することである。毎年七月末に応募作品の受付を締切る。だから、基金の運営に携わる私たちは、例年七月になると、今年はだれがどんな作品を寄せてくるだろうか、と心待ちの心境になる。

その七月が、今年は別な意味で、重い記憶として刻まれるものとなった。六日に七人、二十六日には六人の確定死刑囚に対する死刑の執行が行なわれたからである。全員がオウム真理教の幹部であった。一人の法相が、七月の二日間で一三人の死刑執行命令書に署名したことになる。上川陽子法相（当時）と、最高責任者・安倍晋三首相の名前は、日本の「死刑の歴史」の中に忘れ難く刻まれるだろう。一九一一年、冤罪事件として名高い「大逆」事件で、一二人の人びとに対する死刑が執行された百年以上前の歴史的過去が蘇る思いがする。

オウム真理教は、犯行現場に証拠をたくさん残しても、警察の捜査の手が自らに及んでこないことで国家権力を見くびったのか、「国家権力とたたかう」ために省庁を設けて担当大臣や次官を任命した。軍隊と警察を有する国家が独占している殺人の権限を自らも獲得しようとして、他者を殺戮できる兵器や毒ガスの開発に全力を挙げた。最初の日に執行された七人はそれら省庁の「大臣」だった。悲劇的な形で「国家ごっこ」に興じた彼らは、「真正の」国家権力によって処断された。だが、創設からわずか十年程度の活動期間しか持たなかったオウム真理教から派生する問題を、今回の処刑にのみ収斂させるわけにはいかない。神奈川県警が、一九八九年十一月の坂本弁護士一家殺害事件の捜査をサボタージュしていなければ、その後のオウム真理教の増長は実現しなかっただろう。人生上の模索や迷いの解決や救いを一新興宗教に求めた青年たちが、松本サリン事件と東京・地下鉄サリン事件で多くの人びとの命を奪い、負傷させ、後遺症で苦しめることになるむごい犯罪に走ることは避けられただろう。その意味で、オウム真理教に関しては、その生成から発展の全過程が今後も検証されなければならない。とりわけ、警察・検察・裁判所・拘置所、そして弁護団が関わった司法の分野では、究明されるべき課題が数多くあるだろう。

このような視点からすると、死刑囚表現展は、応募する人の在り方（起こした事件とその後）や作品表現を通して、司法界の現状や社会の全体状況が浮き彫りになるような重要な役割を果たしつつあると改めて実感する。

今年の絵画応募者の中に、常連の宮前一明（旧姓、佐伯・岡崎）さんがいる。七月二十六日に処刑された六人のうちの一人である。彼は坂本弁護士一家殺害に関わった後に教団の在り方に疑問を抱き脱退した。事件の三ヵ月後（一九九〇年二月）には神奈川県警に手紙を送り、遺体の埋葬場所を地図入りで教えるなど、客観的には自らがなした行為への「悔い」がなければあり得ない行動をとっている。右に述べた神奈川県警の捜査サボタージュとは、こんな「垂れ込み」情報を得ながら、同県警が真剣な捜査を怠ったために、オウム真理教によるそれ以降の悲劇的な事件が数多く起きたことを指している。その宮前さんは、表現展初回から、断続的にだが主として絵画作品を応募してきた。その表現の方法は変貌に変貌を重ねた。いつからか立体的な作品を寄せる人が出てきたが、宮前さんが二〇一四年に「糞掃衣」と題して出品した作品は、着古しの作務衣だった。意想外な「表現」に、「まるでコム・デ・ギャルソンみたい」との感想すら出た。選考委員の北川フラム氏は、彼の作品の変貌過程を指して「美術の系統発生をひとりでやっている」と評したが、それは頷ける評言だった。

宮前さんが二〇一六年に支援者を通じて送ろうとした作品は、東京拘置所当局の妨害にあって、運営会の手元には届かなかった。今年三月名古屋拘置所に移送された宮前さんは、六月五日には拘置所幹部三人に囲まれて、「マスコミを相手にするな」「マスコミに送った絵は返品させるか活用しない旨の約束を取り付けろ」「新作や近況をマスコミに知らせるな」「マスコミの質問には回答するな」などと申し渡されている。他の死刑囚からも、拘置所当局による通信妨害や作品送付妨害の報告が届いている。獄中者は、さまざまな嫌がらせと妨害に抗しながら作品を送ってくれていることを忘れたくない。同時に、死刑囚が「表現」することを、なぜこれほどまでに拘置所当局が恐れ、妨害するのか――「公務」に携わりながら、「死刑」制度にまつわることはすべて「秘密」にしておきたいという隠蔽体質が染み渡っている当局の在り方から、国家権力の本質を摑みたい。

絵画では、奥本章寛さんの作品が心に残った。一二枚の絵が描かれ、カレンダーとなっている。村祭り、花火大会、村はずれの水車など、死刑囚である自分にはもはや見ることも叶わぬ風景がきちんと描かれている。子どもの時の情景を思い出したこの種の絵に、この表現展ではよく出会う。描いた人の気持ちを思うと、胸を衝かれる。

西口宗宏さんの作品は「郷愁」とは縁遠い。B5の紙を八枚組み合わせた「今夜は満月」は、トイレと掃除用具のそばに作者の名札を付けた人物が骸骨化して横たわっている。上部には満月が輝いているが、ルーバーに妨げられて、よくは見えない。獄の外と内のコントラストが目に染みる。「自画像」との但し書きのある「届かぬ光・阿鼻叫喚」も忘れ難い。自画像の頭部上方に広がる空間には、まがまがしい表情の幾人もの人物が居座り、その目の表情にすごみがある。全体の構図では「償いと赦し」の可能性と、「なお続く憎しみ」の現実が描かれているのか。左右の吹き出しには般若心経が書かれているが、その間に記されたローマ字表現が切ない。「OKAACHAN DAKISHIMETE」「SHIKEI WA KOWAI」「HONMANI GOMENNASAI!?」

風間博子さんの絵画表現に変化が露わになったのは、数年前からだったか。冤罪を訴える彼女は、光を求めてなお闇の中に閉じ込められる自分の姿を描き続けた。今や明暗のはっきりした構図は消え、テーマは多面化した。「命―弐〇壱八の壱〈面会の母は深めの夏帽子〉」もよいが、私は「同・参」

に深い印象を受けた。空を飛ぶ鳥や蝶、地上を駆ける動物たち、地面に生えるキノコ、海を泳ぐ魚たち——空と地と海は渾然一体化して、境界はなく、創世神話のような世界が繰り広げられている。描き方の細密さは深みを増している。裁判の現状には絶望を深めているに違いない彼女の表現は、想像力でどこへ向かうのか、注目したい。

文章表現では、加藤智大さんから選考委員が挑戦を受けた。「言論で僕を殺した貴方には死刑廃止を説く資格なし」と大書された一枚を表紙に、「やはり表現展さえ居場所なし」と続く。それでも、応募を続けてくる彼の気持ちを受け止めたい。いくつもの作品があるが、「人生ファイナルラップ」が読ませた。おそらく自分の半生をたどったものだろう。韻を踏み、表現力も豊かだ。私が現実のラップを聞いたのは数少ないが、加藤さんのこの作品をいつしか音楽にのせて口ずさむ自分に気づいた。彼は絵画作品も応募していて、「何力リスペクト―言葉遊びは楽しいよね！」＝「君の縄」は、他の応募者にエールを送りつつ、社会の流行現象ともなったアニメ「君の名は」を生かした巧みな表現だ。言葉遊びのようでいて、底は浅くない。

時事川柳と時事短歌に特化したかのような兼岩幸男さんは、毎年ほんとうによく「時事」を見つめている。制限の多い獄中という狭い空間に身はありながら、精神的にはこの限界を突破しようとして、精いっぱいに世相を詠んでいる。

菜の花や月は東に日は西に　基地は南に火種は北に

十年ほど前の作品だったが、「時事漫画」も人物がよく描けていて、風刺も効いている。不思議な才を持つ人だ。

檜あすなろさんも時事に迫ろうとしている。戦争が露出してきた日本の情勢を視野に収めた「三つの選択し」(二〇一六年応募)は、「どうせ殺される」死刑囚が国家によってひそかに戦場に駆り出される物語であり、筆力次第では、大げさかもしれないが星新一や筒井康隆の世界に迫るかと注目した。今回はその「補訂」版の他にも、働き方改革や裁判員裁判の導入などの「時事」を取り込んだ作品を応募している。だが、作品化の内面的根拠は薄弱だ。檜さんは当初、自分が起こした事件をモデルにしたと思われる作品を書いていた。その事件との向き合い方、被害者の女性の描き方――それが他人事のようで、胸に迫ってこないと厳しく批判した記憶がある。テーマは変わった今回の作品についても、同じことを言いたい。十分な表現意欲の持ち主なのだから、必ず壁を突破できよう。

俳句と短歌の響野湾子さんの作品に今年も心惹かれた。殺めた人、死刑囚としての自分、処刑された死刑囚をめぐる重苦しい作品が打ち続く。なかには、例年のように、

柔らかき物に触れたく、この独房《へや》を　くまなく探がす　無きを悟《し》るまで

などの秀作が散見される。そんな中で、私には他の二種類の作品が印象的だった。一つは看守を謳った作品。

狂《ふ》れおりし心無き人　処刑せる　朝より担当　言葉零さず

「星」軽き看守のままで定年す　囚徒に優しき　背の広き人

日常的に接する看守のなかに、作者がこのような想いを抱く人物がいることに救われる思いがする。二つ目は、シュールな形で情景が目に浮かぶ作品。

誰れからも声掛けられぬ　日が続き　月の駱駝が　呼ぶ声がする

執行のありし日の昼　不思議なる蝶の群れに　格子の隙間

色彩もなく、自然の風景が奪われている獄中で、色とイメージとが目にありありと浮かんでくる歌を謳うことは、こころを奮い立たせることだろう。

保見克成さんの「川柳小唄かつを節」には、作者に対して失礼ではないと思うが、笑った。

入浴日、女医が裸で、バタフライ。貴方は下で、平泳ぎ

妄想か、ブーツを履いて、尻出して、女医が息子と、カーニバル

着替え中、カメラに見られ、乳隠す、パンツを脱いで、ポーズとる

これらの歌の「壊れぶり」はどうだろう。無意味なようでいて、情景は目に浮かぶ。そして、クスッと笑わせる。三十年間を獄中で暮らしたマルキ・ド・サド侯爵は、幽閉の中でどんなに妄想を逞しゅうして、『ソドム百二十日』『悪徳の栄え』などの世界を創り出したことか、などと連想する。すると、一七八九年のフランス革命下、バスチーユ監獄に囚われていたサドおよび執筆中の原稿をめぐるエピソードも思い出され、他方、獄中における「性」の問題にも思いは及ぶ。受刑者には男が多いが、恋人や妻が監獄を訪れて、一夜を共に過ごすという実例も、国によっては見聞きする。死刑囚の場合でもこんな例があるかどうかは知らないが、作品を介して、こうして開かれてゆく視野をこそ大事にしたいと思う。

何力さんの日本語理解力の向上はめざましい。

終戦日お詫びの言葉消えにけり　我は死ぬまでお詫びが続く

参加賞一回分の爆買い額

任意に、興味深いいろいろな歌や句を挙げることができる。掲句は、表現展への応募者には参加賞としていくばくかの現金が差し入れされることを詠んだ作品。「爆買い」するには少額だろうが、獄中のつましい日常がうかがわれよう。何力さんが、逮捕後の取り調べ・調書づくり・裁判の過程などに大いなる不満を抱いていることも、作品から知れる。外国からの労働者の受け入れがますます進行する情勢の下で、外国人といかに共生するかが問われる。「外国人＝犯罪者」などと公然と主張する者たちが現実に存在している。彼らは、移民や難民を排斥する動きが世界各地で噴出している情勢に、彼らなりの自信を深めている。入管収容所における外国人への不当極まりない虐待も明るみに出ている。このような社会にあって、不幸にして犯罪に手を染めた外国人がどのような取り調べ・裁判・拘置所や刑務所での処遇を受けているかは、軽視できない問題である。数は少ないが、外国人の死刑確定囚の表現から汲み取るべき課題は重層的である。

西山省三さんの短歌と俳句には、いつもしみじみとした思いが湧くが、今年は「(怒・怒・怒・怒・怒)」と題して、怒りの歌が多い。

豪雨禍に何がカジノじゃ馬鹿たれが　被災地域の怒る声聴け。

鏡を磨いて磨いてと心うらはら　一度に七名をばあさんは弔る。

他方、こんな川柳も詠む「余裕」を持つ人でもある。

耳遠くなるが小便近くなる。

晴耕は怠け雨読は眠くなり。

生真面目な怒りをぶつける歌の背後に、こんなにもとぼけた世界を併せ持っている作者への共感の念は深い。

小泉毅さんの「特殊相対性理論」に関する論文は、選考委員のだれ一人として理解できなかった。ご本人もそう予想して、これを理解できる専門家に読んでほしいとの添え書きがある。奇特な方からのお申し出を待ちたい。

絵画の応募者は一七人、文章作品の応募者は一八人だったので、ここで触れることのできなかった作品も多々ある。紙幅の制限ゆえお許し願いたい。今年の受賞者は、以下のようになった（敬称略）。

【絵画部門】細密賞＝風間博子／発明賞＝加藤智大／カオス賞＝西口宗宏／エターナル賞＝宮前一明

【文章部門】優秀賞（短歌）＝響野湾子／キラキラ賞（「人生ファイナルラップ」）＝加藤智大／ユーモア賞＝兼岩幸男／敢闘賞＝西山省三

先に、保見さんの作品を評して「壊れぶり」という言葉を用いた。それは、想像力上の「壊れぶり」だから、笑えたり、刺激を受けたりもする。他方、日本と世界の政治・社会・メディアなどの「壊れぶり」はどうだ。それは「超劣化」と同義語だ。人びとの日常生活に否応なく大きな影響力を及ぼす政治的権力者が、論理も倫理も失って愚劣な政策を推し進める。同じく劣化した社会には、無念なことには、それへの批判力も抵抗力も喪われている。批判する自由も、抵抗する自由も存在しているのに。

憤怒を抱えてそんな日常を生きる中で、今年も死刑囚の表現に触れた。自由を奪われて、ネット社会の猥雑さと利便性の「恩恵」とも無縁に生きる死刑囚の「表現」が異彩を放って見えた。自分以外の誰からも生まれない、唯一無二の「表現」を生み出すための試行錯誤が試みられる。総人口との対比で言えば、およそ百万人に一人に相当する死刑囚から生まれてくる「表現」に目を凝らし続けたい。

（『出版ニュース』第二四九七号（二〇一八年十一月上旬号）掲載）

書評：萱野稔人『死刑　その哲学的考察』

国家や暴力に関わって刺激的な問題提起を行なってきている哲学者による死刑論である。最初に目次を紹介しておくことが重要な意味を持つ本だと思う。死刑について考える道筋をつけながら、議論が核心に迫っていく方法を、著者が自覚的に選び取っているからである。第1章「死刑は日本の文化だとどこまでいえるか？」、第2章「死刑の限界をめぐって」、第3章「道徳の根源へ」、第4章「政治哲学的に考える」、第5章「処罰感情と死刑」。

第1章は、二〇〇二年、欧州評議会主催の国際会合に出席した当時の森山法相が、「死んでお詫びをする」という日本の慣用句を引きながら「死刑は日本の文化である」と発言し、死刑制度の存置に批判的な欧州各国で大きな波紋を呼んだ事実の指摘から始まる。EU（欧州連合）は、死刑制度を廃止していることを加盟条件としているほどだから、この死刑擁護論への驚きは大きかっただろう。著者によれば、問題はこの発言の当否そのものにあるのではなく、死刑に関わる考え方は、森山発言のような文化相対主義を脱し、普遍的なロジックに基づいて披歴されなければならない。

第2章のタイトルは、「自分の人生を幕引きするための道連れ」として大量殺人を行なう、つまり死刑になるために凶悪犯罪に走った実際の事件を前に、死刑の「限界」を論じるところから来ている。死刑になることを望んでいる加害者を死刑にしたところで、刑罰としてどんな意味があるのか、という問いである。「一生刑務所から出られない刑罰」としての終身刑の導入（論理的には、これには死刑の廃止が前提となる）が論じられるのは、このあとである。「死ぬつもりなら何をしてもよい」という挑戦を前に、道徳的な歯止めをいかにかけるか。次に来るのは、この問いである。

第3章は、「人を殺してはいけない」という究極的で根本的な道徳をめぐっての論議である。死刑とは、処罰のためとはいえ人の命を奪うことであり、前記の道徳に反する。それでも多くの人が死刑を肯定しているのは、「人を殺してはいけない」という道徳が、多くの人にとって絶対的なものではないことを明かしている。ここでは、道徳を絶対的で普遍的なものだと捉えた哲学者のカントが死刑を肯定した論理構造を詳しく論じながら、しかし、道徳的には死刑の是非を確定することができないという結論が導かれていく。

犯罪による死と応報としての刑死における死の「執行者」はまったく異なるのだから――後者には、国家（権力）が貌を出すのだから――、それに触れないままに応報論に多くの頁を割いた第3章の議論に苛立ちを覚えた評者を待ち受けたのは、第4章である。ここでは、死刑を執行する公権力の在り方が論じられている。「合法／違法を決定する権力が、処罰のために人の命を奪う権限を保持している」死刑制度の本質が分析される。公権力の存在を望ましいと考える著者は、「国家なき社会」や「政府なき世界」を夢想する知識人を批判したうえで、公権力が過剰に行使されて起こる冤罪の問題を次に論じる。「冤罪の可能性は、公権力が犯罪を取り締まり、刑罰をくだすという活動そのもののなかに構造的に含まれて」おり、「権力的なもの」に由来すると考える著者は、道徳的な議論では死刑の是非に決着をつけることはできない以上、冤罪こそが、その是非を考える上で最重要な論点だと強調する。死刑に反対する人でも、冤罪の危険性を廃止論の核にここまで据える場合は稀なだけに、この議論の展開方法に、私は注目した。

最後の第5章で著者が改めて論じるのは、「凶悪犯罪は厳しく罰するべきだ」とする人びとの処罰感情の強さが死刑肯定論を支えている現実について、である。冤罪による刑死を生み出す危険性をいかに声高に訴えたところで、広い関心は持たれない。凶悪犯罪の被害者家族の処罰感情は別として、社会を構成する圧倒的多数としての第三者の人びとが抱く処罰感情は、現在の日本にあっては、メディア（とりわけテレビ）の無責任な悪扇動によるところが大きいと評者は考えるが、それにしても、この処罰感情に応えることなくして、死刑廃止の目途は立たない。著者はここで、処罰感情を「無条件な赦し」（デリダ）によって、つまり寛容さで克服しようとする死刑廃止論の無力さを衝きつつ、哲学の歴史において初めて死刑反対論を展開した十八世紀イタリアの法哲学者、チェーザレ・ベッカリーアを引用する。刑罰としての効果が薄い死刑に代えて、終身刑を課すほうが望ましいという考え方を、である。著者は、処罰感情に正面から向き合ってなお死刑否定論の根拠を形成し得る議論として、ベッカリーアの考え方に可能性を見出して、叙述を終える。

社会を構成する個人や集団には許されない「殺人」という権限が、ひとり国家という公権力のみに許されるという在り方は、死刑制度と戦争の発動を通して象徴的に炙り出されると評者は考えている。敗戦後の日本で新憲法が公布された当時、戦争を放棄した以上、人を殺すことを合法化する死刑も当然廃止すべきだという議論が沸き起こったという証言もあるように。その関連でいうと、第1章が触れる欧州の国々の中には、死刑の廃止は実現したが、現在も「反テロ戦争」には参戦していることで、戦争における「殺人」は容認している場合があることが見えてくる。日本の公権力は、現在、死刑制度を維持する一方、「放棄」したはずの戦争をも辞さない野心も秘めているようで、世界的にも特殊な位置にあろう。「公権力」の問題をそこまで拡張して論じてほしかったとするのは、無いものねだりか。

死刑問題の核心に向き合おうとしない死刑廃止運動の言動に対する著者の苛立ちが、随所に見られる。当事者のひとりとして、その批判には大いに学ぶものがあった。

(『出版ニュース』二〇一七年十二月中旬号掲載)

津島佑子さんの思い出に

津島佑子さんとの付き合いは、アイヌの人たちとの関わり合いから始まった。二十世紀末も近づいた一九九〇年代、私は民族・植民地問題に関わる発言と活動を集中的に行なっていた。人類が直面しながら、なかなかうまい解決策を見出し得ないでいる厄介な問題の一つが、そこに凝縮していると考えたからだ。一九九二年には、「コロンブスの大航海と地理上の発見」の時代（一四九二年）から数えて五〇〇年目という時代的符合に注目して、「五〇〇年後のコロンブス裁判」という討議の場をもった。異民族同士の「出会い」が、大量虐殺・征服・植民地支配の始まりを告げることになった、近代の歴史的な大事件だったからだ。（のちに知ったことだが、津島さんもこの年、メキシコの山間部で開かれた国際会議に招かれて出席していたが、そこには各地の先住民が参加していたという。知らずして、画期的ともいえる〈時代の息吹き〉を感じ取る場に、等しく立ち合っていたといえよう）。

翌年の一九九三年には、その国内的な応用問題として、東京にアイヌ料理店を作る活動をしていた。同じ郷里＝北海道釧路の出身で、関東圏に住むアイヌの女性たち（小学校時代の同級生や、その年長者の世代の）から、好きな時に集まり、働くことで生活の糧にもなる同胞の寄り合いの場所を作りたいと相談を受けた。日本＝単一民族国家論に固執する当時の日本政府も地方自治体も、アイヌ民族のために特別な予算措置を講じることを忌避していた。北海道なら、行政の手で「生活館」が作られるが、東京ではそうはいかない。業を煮やした彼女らは、草の根の力でそれを実現したいと相談してきたのだ。早速そのためのカンパ活動を開始するために、呼びかけ人をお願いする人の人選を始めた。私がその作品の多くを読んでいて、底流にある「北方志向性」を感じとっていた作家・津島佑子さんは筆頭に挙げたいくらいの方だった。しかも、そのしばらく前にフランスに滞在していた津島さんが、アイヌの神話「カムイ・ユーカラ」をフランス語に翻訳する手助けをしたと記したエッセイも読んでいた。未知の人だったが、思い切って手紙を書いた。意外と、あっさりと受けてくださった。

断続的な付き合いが始まったのは、それ以降のことである。私は、南米ボリビアの映画集団との付き合いがあり、その作品を自主上映したり共同制作したりする活動に取り組んできた。集団を主宰するホルヘ・サンヒネス監督は白人エリートの出身だが、アンデスの人種差別社会が自己変革を遂げるためには、先住民族の歴史哲学や自然観を学び、取り入れることが重要だと考えていた。彼が監督する映画では、先住民が主人公を演じ、スクリーンでは先住民の母語が飛び交っていた。物語も、先住民の生活・歴史意識・自然哲学を尊重して組み立てられていることが歴然としていた。それは今でこそ珍しくはないが、一九六〇年代半ばから制作活動をしていた彼らがそうしていたことは、世界的に見ても先駆的なことだった。それは普遍的な問題提起でもあったから、日本での反響も大きかった。あるとき、津島さんならきっとこれらの作品に深い関心を持たれるだろうと思い、上映会にいらしていただいたり、ビデオをお送りしたりしていた。

まもなく、津島さんのエッセイでは、ボリビアの映画を観た感想が綴られるようになった。

二〇〇〇年代に入って間もなく、福岡市の公的ホールがこのボリビア映画の上映会を企画してくれた。図書館が併設されている施設なので、どなたか作家と一緒に来福し、対談をしてくれないかという提案があった。津島さんに相談し、一泊しなければならないこの福岡行きに同行していただいた。この対談では、興味深い意見の違いが生まれた。知里幸恵編の『アイヌ神謡集』が岩波文庫に入ったのは一九七八年のことだった。同文庫独自の分類によって、外国文学のジャンルに属することを意味する赤帯が付けられたのだが、それはアイヌ語には日本語との類縁性がないからと編集部が考えたからだった。津島さんは、今までアイヌ民族を差別してきた日本社会が、アイヌ独自の口承文学を日本文学の枠組みから排除していることが、その差別構造の延長上にあると捉えて、心外のようだった。私は、言語上の区別に加えて、次のことを思った。人間（アイヌ）と動物・鳥・魚たちとの親和性を謳う『神謡集』の原形は、知里幸恵が「序」で言うような、「その昔この広い北海道は、私たちの先祖の自由の大地で」あり、「天真爛漫な稚児の様に、美しい大自然に抱擁されてのんびりと楽しく生活していた」時代に創造されたのだろう。それは、蝦夷地に松前藩の部分的な支配が及ぶ遥か以前から、ましてやそこが明治維新国家の版図に強制的に組み入れられる以前から、アイヌの人びとの間で語り継がれてきたことを意味しよう。そのような時代に原形が作られた口承文学を、事後的に形成された日本「国」の文学（古典は黄帯、近代以降は緑帯）の枠内に収める理由はない——私はそう考え、岩波文庫編集部の判断は適切だと思うと言った。アイヌ民族およびその文化と歴史を、日本国のそれに包摂することなく、独自のものとして捉える方法に私は荷担していた。

要は、「国」をどう捉えるか、そして「国家社会」の責任をどのような位相で捉えるか、という点に帰結することのように思えた。この意見の「食い違い」が孕む緊張感は、心地よかった。

同じころ、出版の分野でも津島さんと仕事を共にした。津島さんが、他の文学者と共に、海外の文学者との交流に力を入れていたことはよく知られている。とりわけ、女性の文学者との間で。その頃は、「日印作家キャラバン2002」を経た時期で、まず出版したいという希望が出されたのは、インドのベンガル語文学者、モハッシェタ・デビの作品『ドラウパディー』だった。ガヤトリ・チャクラボルティ・スピヴァクが彼女の作品を高く評価することで、世界的な注目を集めつつある作家だということを、私自身初めて知った。幸いにも、よき翻訳者にも恵まれて（臼田雅之＋丹羽京子）、しかも津島さんに加えて、同じく文学交流を続けていた松浦理英子、星野智幸両氏の「解説」も付して、この作品を出版することができたのは二〇〇三年のことだった（現代企画室刊）。

後年、津島さんは「女流文学者会」の責任者を引き受けていたが、会員の合意を得て「女流文学者会」そのものを解散するに際して、それまで交流してきたアジアの女性文学者の中から三人を選び、翻訳書として刊行したいとの相談があった。それは、二〇一一年に、姜英淑（韓国）の『リナ』（吉川凪＝訳）、陳雪（台湾）の『橋の上の子ども』（白水紀子＝訳）、ムリドゥラー・ガルグ（インドのヒンディー語作家）の『ウッドローズ』（肥塚美和子＝訳、いずれも現代企画室刊）として実現できた。原著者との翻訳権契約・翻訳・編集・刊行・関係者への発送などの諸過程で、津島さんとは何度も連絡を取って、すすめた。東アジアから南アジアにかけての、女性作家を主軸とした文学的な鼓動が伝わってきて、私にとっても忘れがたい企画となった。

この同じ年の「3・11」には、東北で大地震とその結果としての福島原発事故が発生した。責任省庁としての経済産業省を包囲して、原発の全面的な即時停止を求める行動が何度も取り組まれた。或る夜、その包囲行動で、偶然にも、津島さんと隣同士になったことがあった。その夜語り合った「不安」を、津島さんは「半減期を祝って」（初出、「群像」二〇一六年三月号）と題した、見事な掌編に形象化した。この作品は絶筆となった。

最後にお会いしたのは、二〇一四年五月だった。連休を挟んだ二週間にわたって、私たちは、ボリビア映画集団の全作品（長編十一作品、短編二作品）の回顧上映を、東京・新宿のミニシアターで行なった。一夜、上映後の対談に出ていただいた。先住民族の存在が問いかけてくる諸問題について、多面的な光を当てる内容になったと思う。津島さんが、突然のように亡くなってしばらくして、津島さんの作品の英語訳をいくつか担当されたというジェラルディン・ハーコートさんが連絡をくれた。ユーチューブには、ボリビア映画上映時の津島さんと私の対談映像が流れているが、そこには津島さんの思いが非常によく表われている、津島佑子という作家をヨリ広く世界に知らしめるために、対話の部分を英語訳して流したいという希望を言ってこられた。

数ヵ月後、それは実現した。→https://www.youtube.com/watch?v=83pIj8FL1RY

そのしばらく前に、津島さんの最後のエッセイ集『夢の歌から』（インスクリプト）と遺作『ジャッカ・ドフニ　海の記憶の物語』（集英社）が私の元に届いた。津島さんの晩年の小説世界は、地球上のさまざまな先住民族の神話や生活に着目することで、時空を超えた広がりを見せていた。遺作『ジャッカ・ドフニ』はそれをさらに徹底させて、オホーツク海、日本海、南シナ海、ジャワ海を舞台に、十七世紀から二十一世紀にかけての物語が雄大に展開されている。時間と空間の規範から解放された自由自在さを得たこの作品を読む私たちは、現実には、この二十一世紀に（！）狭くも〈国家〉と〈民族〉を拠り所にして〈排外〉と〈不寛容〉の精神を声高に叫ぶ者たちが広く社会に浸透した時代を生きている。「マルスの歌」の高唱があちらこちらから聞こえてくる時代状況の中で、私は、類い稀なこの作家の「文学的抵抗」の証としての作品を繰り返し読み、自らの中でそれをさらに豊かなものに育てたいと思う。

（『津島佑子――土地の記憶、いのちの海』（河出書房新社、二〇一七年一月二十日）掲載）

――天皇「生前退位」を考える――「主権」も、民主主義もない――もう、たくさんだ！

知る人ぞ知る、敗戦直後の年代記から始めよう。

一九四六年四月二十九日　東條英機らA級戦犯容疑者二八人起訴
一九四六年五月三日　連合国による極東国際軍事裁判開廷。
一九四六年十一月三日　新しい「日本国憲法」公布。
一九四七年五月三日　日本国憲法および新皇室典範施行。
一九四八年十二月二十三日　東條英機ら七人の死刑執行。

敗戦国・日本の占領統治の主導権を握ろうとした米国は、一九四五年八月三十日マッカーサー連合国軍最高司令官が厚木飛行場に降り立ってから、翌年四六年四月五日に第一回連合国対日理事会が開かれるまでの七ヵ月有余の間に、日本国支配のための「暦的な」イメージをほぼ固めていたと思われる。たかが暦、という勿れ。上に挙げた事項の月日が何に符合しているかを見れば、米国の意図は明快だ。戦犯としての訴追は辛くも免れ得た昭和天皇はもちろん、四八年当時は十五歳でしかなかった皇太子・明仁にも、父親の「戦争責任」を一生涯意識させ続けるという、米国の揺るぎない意思が、これらの日付の選択からは窺われる。

戦中から敗戦直後にかけての時期を奥日光や小金井で過ごし、父親の処刑と占領軍による自らの拘束および米国への強制拉致という「悪夢」をさえ幻視したであろう皇太子（現天皇）が生きた苛烈な戦後史を思う。八十二歳の現在、「疲れた」でもあろう。米国が仕掛けた「罠」にも無自覚に、戦争責任を忘失したまま皇室への崇拝を止めないありがたい「国民」は、同時に、現憲法からの脱却を謳う極右政権を支えていることに、もしかしたら、天皇は「危うさ」も感じているかもしれぬ。だが、天皇という地位に留まったままで、彼が何を言おうと何をしようと、それは、真の民主主義に悖る天皇制を護持し延命させるための口実としてしか機能しない。「生前退位」の意向とて、その例外ではない。

何事にせよ、ある問題をどう考えるか――選択肢は多様にあろう。だが、マスメディアでそれが取り上げられる時、本来なら十件あるかもしれない可能性の回答例は、往々にして、三つか四つに絞られて、提起される。しかも、巧妙に排除される選択肢がある。天皇制に関わる問題は、その最たる一例である。天皇制廃絶という意見と立場があり得ること――この選択肢はあらかじめ除外されて、メディア上での議論は踊る。しかも情報は確たるものでもないのに、錯綜している。そもそも、生前退位の「意向」が、いつ、誰に、どのような形で伝えられたのか、それが、まずNHKを通して報道されてよいとしたのは誰か。皇室報道につきものの「情報源のあいまいさ」が消えないままに、あれこれの言動が飛び交っている。私はいやだ。民主主義の根幹に関わる天皇制をめぐる問題なのに、情報源が不明なまま、解釈や論議を強いられることが。この状況を創り出している張本人が、極右の首相との対比で「善意のひと」と見なされる風潮が。

外に向かっては、この国は米国に首根っこを摑まれたままだ。皇族も、政治家、官僚も、ウチナンチュー以外の「国民」も、その支配からの離脱など夢見ることとすらせずに、日米「同盟」にしがみついている。内にあっても、この体たらくだ。「主権」もない、民主主義もない。もう、たくさんだ！と叫びたい。

（『週刊金曜日』二〇一六年七月二十九日号掲載）

表現が萎縮しない時代の証言——天皇制に関わる本6冊

1　坂口安吾『堕落論』『続堕落論』（ちくま日本文学、二〇〇八）
2　深沢七郎『風流夢譚』（『中央公論』誌、一九六〇年十二月号）
3　豊下楢彦『昭和天皇・マッカーサー会見』（岩波現代文庫、二〇〇八）
4　朴慶植ほか『天皇制と朝鮮』（神戸学生・青年センター出版部、一九八九）
5　加納実紀代『天皇制とジェンダー』（インパクト出版会、二〇〇二）
6　内野光子『現代短歌と天皇制』（風媒社、二〇〇一）

1　敗戦の翌年に書かれた掌編二つ。「天皇の名によって終戦となり、天皇によって救われたと人々は言う」が、「常に天皇とはかかる非常の処理に対して日本歴史のあみだした独創的な作品であり、方策であり、奥の手」である。軍部はこの奥の手を知っており、「我々国民またこの奥の手を本能的に待ちかまえて」いる。だから、「8・15」は日本社会全体の合作だった。「天皇制が存続し、かかる歴史的カラクリが日本の観念にからみ残って作用する限り、日本に人間の、人性の正しい開花はのぞむことができないのだ」。安吾独特の〈反語法〉が冴えわたる。

2　十五年後に現われた安吾の継走者は、深沢七郎か。『風流夢譚』は、二〇一九年にその座を去り行こうとしている現天皇・皇后の結婚の翌年に発表された夢物語である。つまり「絵空事」なのだが、そこでは、「左慾」の「革命」が起こり、実名の皇太子夫妻の首が斬られたり、昭憲皇太后が

「この糞ッタレ婆ァ、てめえだちはヒトの稼いだゼニで栄養栄華をして」と怒鳴られたりする。その表現が右翼を刺激して不幸な事件が起こった。天皇制を前に表現が萎縮しない時代の証言として記憶したい。志木電子書籍のKindle版あり。

3　絵空事を離れて現実に戻ると、昭和天皇は、世上信じられているのとは逆に、戦勝国による戦犯訴追を免れた後、戦後体制の形成に能動的な関与を行なった。宮内庁御用掛を通して、米軍が長期にわたって沖縄を軍事占領する希望をＧＨＱ（連合国軍総司令部）および米国務省に進言したことはその典型例である。沖縄の現状は、敗戦直後のこの挿話を無視しては、正確に把握できない。

4　沖縄と言えば、朝鮮はどうか。「日韓併合」が天皇の名においてなされ、朝鮮総督府も天皇に直属していたことを思えば、植民地支配と天皇制の関連を問うことを避けてはならない。昭和天皇の死の直後になされたセミナーの記録が、その関係を多面的に明らかにする。

5　著者は、長い間「銃後史」、すなわち戦時下にあって「銃後の守り」を担わされた女性の在り方を研究してきた。「産む性」としての女性、「母性」が孕む問題を考え続けた著者は、文化的に形成された「ジェンダーとしての女性」という視点を得て、そこから天皇制とジェンダーの関わりを論じる独自の歴史観に至った。

6　年頭の「歌会始」は天皇家の文化的行事として定着し、歌を詠む人が社会の裾野に広がっている。皇族が詠む短歌も、「日本的抒情」表現としての短歌の世界も、奥深く侮りがたい。「一木一草に天皇制がある」（竹内好）社会に生きている以上は。

（『週刊金曜日』二〇一九年一月十一日号）

あとがき

本書に収録した一文も含めて今までにも何度か書いてきたことから始めたい。一九八〇年代の終わりころだったか、私は近所の書店でいつも立ち読みしていた右派系の月刊誌――具体的に名を挙げるなら、『諸君！』（文藝春秋）と『正論』（産経新聞社）――に載る文章がずいぶんと荒れ始めたな、と感じた。何ごとかの歴史的経緯や事実、対象の思想の在り方を批判的にせよ冷静に論じるというよりも、批判する対象に対する感情的な罵詈雑言にあふれる文章が目立ち始めたのだ。もちろん、それは、〈落ち目〉の社会主義に対する罵倒の言葉であり、〈戦後民主主義〉を支えてきた左派およびリベラルな言論人や政治家に向けての侮蔑と嘲りの言葉であった。

私は若い頃から、いわゆる保守派の言論人の熱心な読者ではなかった。だが、福田恆存、竹山道雄、林健太郎、蝋山政道、江藤淳などの文章はある程度は読んできていたから、それら〈戦後正統派〉の保守言論とは明らかに異質な人びとが台頭してきているのだと実感した。保守系雑誌編集者である自分を想定することは難しいにせよ、私が担当編集者なら、このような質、この論理水準、荒唐無稽なこの歴史認識の文章の掲載を認めるわけにはいかないな、と思った。異論同士の討論に資するのならよいが、その役割は果たし得ようもない文章が増えたのだ。保守派としての「志が低い」と言ってもよい。感情のおもむくままに書き散らせばよい、というわけでもあるまい。低劣な言葉遣いや内容には、編集者が、執筆者のためにも雑誌のためにも批判的に介入すべきだが、無為無策ではないか、何をしているのだろう？　共感を持たない保守系雑誌とはいえ、私は訝しく思った。立ち読みで済ませるわけにはいかなくなった。これらの雑誌を毎号買い求め、精読するようになった。関わりがあった市民運動の機関誌上で、「超右派言論」を批判する連載をもち、一九九〇年代をほぼ費やして〈外部〉からの批判を行なった。もっと楽しいこと、意味のあることを論じたい、という思いを常に抱えながらの、涙を呑んでの作業だった。

今にして思う――この流れに制御を掛けた者はおらず（あるいはあまりに少なく）、それ以降、右派言論は「劣化」の坂道を転げ落ちるばかりであった。その果てに、二〇一九年の現在がある。右派言論人から始まった劣化は、およそ三十年間のうちに、保守全体を浸してしまった。詳しい説明は必要ないだろう。本文でも書いたし、何よりも、日々この現実の世の中に生きているひとが、政治家、官僚、経済界のトップ、ジャーナリストのふるまいと言動を思い起こせば、「劣化」は社会全体を覆い尽くす現象となっていることが理解できよう。本来ならそれに抵抗し対峙すべき左派の姿かたちも、悔しいことには、しかと見えるどころか、この劣化の只中に巻き込まれているかのようである。

＊　　＊　　＊

「はじめに」に書いたように、私はインターネットとの「牧歌的で」「幸福な」付き合いをしてきた。本文の文章を書くに際しての情報源としては、日ごろ親しんできた（いる）書物、新聞、地図帳、雑誌、ラジオ、テレビ、映画・音楽・演劇・美術などの芸術表現に加えて、インターネットも、ひとつの重要な土台をなしている。インターネット情報が付け加わったのは、およそ四半世紀前からのことである。二十五年を経た今では、それが情報源のひとつだというのは当たり前の感覚になりつつあるが、同時に、それが情報発信力として持つ「速度」と「量」に対しては、それは「ヒューマン・スケール」をはるかに超えたものだな、という印象をぬぐい去ることができない。

「速度」に関しては、私も否応なく慣らされつつあると言わざるを得ない。「ヨリ早く／ヨリ速く」を追求し続けてきている高度資本制社会に生きてきている以上、それを享受している面もないではないと自覚しているからだ。だが、この速度が、家庭で、学校現場で、労働現場で、そしてさまざまな社会の現場で「制度化」された時に、子どもたちが、労働者が、そして社会人が、それを堪えがたいとする呻き声をあげていることは、よく知られている。高度資本制社会が至上とする「速度」は、人間の生理には合わないのだろう。高度資本制社会ばかりではない、社会主義を自称する中国を見ても、深圳に研究開発施設を持つ通信機器最大手、華為技術（ファーウェイ）を例に取るだけで、「速度至上主義」は社会体制の如何を問わず、二十一世紀の人類社会の規範となりつつあることがわかる。

「量」のほうはどうだろうか？　私もインターネット検索で何ごとかを調べることがあるが、ひとつの事項をめぐって何万、何十万、時には何百万という「量」で出てくるデータに圧倒されることがある。最初はその「量」に驚きつつも、興味本位で冒頭のものからいくつか一瞥してみた。こういうものなのか、インターネットの世界は！　書物本位制の時代は、ものを書く人間と書かない人間との間には、隔絶した差があった。インターネット時代は、発信力の格差に終止符を打ち、情報発信・伝達上の「水平化」「民主化」をもたらすだろうと捉え、それは歓迎すべきことだと思った。その思いに変わりはないが、その裏面にはどんなものが貼り付いているかを痛感した。そこには、感情丸出しの文章があふれていた。編集者的な立場の第三者が介入して、そこで論じられていることの真偽・成否の確認がなされているわけではない。それでいて、意見を異にする人への非難・中傷の言葉は際立って、汚い。どこかで見た光景だな。そうだ、一九九〇年前後から右派系月刊誌に見かけるようになった左派批判の文章のようだ。

事が「クックパッド（cookpad）」に関わることなら、私は今でも時々検索する。だが、歴史・政治・社会に関する事柄について、検索サイトに頼ることはしない。事実に反する歴史解釈を人びとの心に浸透させるためには、経済力には事欠かない者たちが、労働力を雇って、自らが運営する検索サイトが常に上位に立つよう画策している。政治の実態、経済の在り方……社会の基盤を成すすべての項目に関わって、この現実が進行している。一度何ごとかを検索すると、次々と同一傾向のものが紹介されてくる仕掛けも嫌だ。〈ひとつのもの〉に収斂してゆく仕組みは、人間が多様であることを否定する。たくさんの小さな社会が寄り集まって世界全体を形づくっていることを否定する。

紙の媒体（雑誌、書物）においても、インターネットの検索サイトにおいても、嘘が堂々とまかり通り、嘘が商売になる時代を私たちは生きているのである。それら一切への拒絶の意思を、『さらば！　検索サイト』という書名に込めた。

＊　　＊　　＊

本書には、二〇一六年から二〇一八年までの三年間に書いたもの、講演したものが収められている。第一章と第二章の扉には、私がコラムを連載している媒体についての説明を簡潔に書いた。第三章に収めた文章がもともと掲載された媒体は多岐にわたる。「絶滅危惧種」に近い私の文章を掲載してくださった皆さんの「人間愛」あふれる選択に、心からの感謝を捧げたい。本書の成立に当たっては、現代書館の菊地泰博さんと雨宮由李子さんにお世話になった。その細心の編集作業に対して、ありがとうと伝えたい。

（二〇一九年一月十五日　著者）

太田昌国《おおたまさくに》

一九四三年、北海道釧路市に生まれる。人文書の企画・編集に携わりながら、民族問題・南北問題を軸にして、世界—東アジア—日本の歴史過程と現状を分析・解釈することに関心を持つ。主な著書に、『鏡としての異境』（影書房、一九八七年）、『千の日と夜の記憶』（現代企画室、一九九四年）、『〈異世界・同時代〉乱反射』（同、一九九六年）、『「拉致」異論』（太田出版、二〇〇三年、河出文庫、二〇〇八年、増補決定版が現代書館より、二〇一八年）、『暴力批判論』（太田出版、二〇〇七年）、『チェ・ゲバラ　プレイバック』（現代企画室、二〇〇九年）、『拉致対論』（蓮池透との共著、太田出版、二〇〇九年）、『新たなグローバリゼーションの時代を生きて』（河合文化教育研究所、二〇一一年）、『テレビに映らない世界を知る方法』（現代書館、二〇一三年）、『〔極私的〕60年代追憶—精神のリレーのために』（インパクト出版会、二〇一四年）、『〈脱・国家〉状況論—抵抗のメモランダム2012—2015』（現代企画室、二〇一五年）などがある。他、編訳書多数。

さらば！　検索《けんさく》サイト
——太田昌国《おおたまさくに》のぐるっと世界案内《せかいあんない》

二〇一九年二月十五日　第一版第一刷発行

著者　太田昌国
発行者　菊地泰博
発行所　株式会社現代書館
東京都千代田区飯田橋三—二—五
郵便番号　102-0072
電話　03（3221）1321
FAX　03（3262）5906
振替　00120-3-83725
組版　デザイン・編集室エディット
印刷所　平河工業社（本文）
東光印刷所（カバー）
製本所　鶴亀製本
装丁　伊藤滋章

校正協力／高梨恵一
 ISBN978-4-7684-5851-8
定価はカバーに表示してあります。乱丁・落丁本はおとりかえいたします。
http://www.gendaishokan.co.jp/

活字で利用できない方のための
テキストデータ請求券
『さらば！　検索サイト』